記入式 2万件の赤字家計を改善したプロが教える

【図解】日本一やさしい

老後のお金の増やし方

家計再生コンサルタント
横山光昭

ONE PUBLISHING

はじめに

こんにちは。家計再生コンサルタントの横山光昭です。

2020年、暮らしは大きく変わりました。これまで当然のことのように思っていた「安定した収入」という前提が崩れました。仕事が減った、残業がなくなった、ボーナスが出ないなど、私の感覚でいえば半数以上の方が「収入が減った」と感じているように思います。

一方で、在宅ワークやオンライン授業などにより家族が家にいる時間が長くなった分食費がかさむ、外出することへの不安から買い置きが多くなる、外食できない不満から宅配やお取り寄せが増える、マスクや消毒液などの日用品の消費が増えるなど、日々の生活費は増加傾向に。さらにステイホームを充実させるため、家電への支出も増えました。

またキャッシュレス決済の利用が多くなるなど、支出の仕方や傾向が変わり、家計の把握がしにくくなっています。加えて、老後の資金や年金問題など将来の不安は尽きません。

まさに、**お金のサバイバル時代到来**といえるかもしれません。

でも、ちょっと見方を変えると、このような今だからこそ、実は家計を見直す絶好のチャンスでもあります。ここでお金の不安を解消し、乗り越える術を身に着けておけば、この先どんなことがあっても負けない強い力を手に入れることができるからです。

ケガをして血が出たとき、止血する方法を知っていたら大事に至らずに済みますよね。お金の問題も同じです。いざというときの対処法を知っていれば、深刻な状態になることなく乗り切ることができます。

実は、お金を貯める方法はとってもシンプル。

一番は**「今を知る」こと**です。

そのうえで、**ちょっとした工夫と柔軟性を持って臨めば**、誰にでも必ずできます。

はじめに

「そんなことでお金が貯まるの？」と思うかもしれませんが、これが**できていない人が圧倒的に多い**のが事実です。

私のところに相談にいらっしゃる方の中には、収入が減ったけれど支出は削れない……毎月赤字で貯蓄を切り崩しながら「どうしたらいい？」と悩んでいる人がいらっしゃいます。そこに共通するのは、「少し柔軟に考えたらずいぶん変わるのにな」というちょっとした工夫や知識の不足です。

本書では、そうしたお金に困らないための考え方や方法をご紹介していきます。

- **お金を貯めたいけれどどうすればいいかわからない**
- **老後のお金が不安**
- **今の家計ではいけない気がする**
- **将来もお金にゆとりのある生活を送りたい**
- **ずっとお金の心配をせず、安心して暮らしていきたい**

と考えるすべての方に。

お金に縛られず、自由に自分のやりたいことをやれる楽しい一生を過ごせるよう、私は全力でお手伝いしたいと思います！

はじめるのに遅すぎることはありません。

老後もお金の心配なく楽しく暮らしていくために、今から一緒に準備していきましょう。

２０２１年11月

横山　光昭

第3部 貯める・増やす

★本書に掲載している情報は2021年11月現在のものです。

第1部 知る・確認する

家計改善・基本の「キ」

お金の不安は「見える化」で解消する

自分の現状を○、△、×で評価する

老後も使うお金はあまり減らない

貯める人の共通点

家計のマイナスはグンと減らせる

必要なお金は「月」と「年」で考える

コラム 赤字家計は改善できる！

1
知る・確認する

家計改善・基本の「キ」

今の収入と支出をきちんと「数値」として見る

家計管理は感覚でやらない

家の家計が気になり出したら、さっそく行動に移してみましょう。

まず何からはじめればいいでしょう？ 陥りがちなのが、**とりあえず行動を起こすこと**。「外食をちょっと減らす」「食費を少し削る」など、目につくところから感覚でやりはじめることです。その結果、「一生懸命頑張っているはずなのに、ちっとも効果が見えない」「それほどいいものを食べているわけでもないのに、なぜかお金が貯まらない」と落胆し、早々にあきらめることも。この**〝しているはず〟〝頑張っているつもり〟**はくせものです。

まずは、現実を知ること。具体的には、**今の収入と支出をきちんと「数値」として見る**ことです。ダイエットを成功させるには、まず今の体重を知る必要がありますよね。「今、○キロだから、目標体重を3キロオーバーだ。だからまず3キロ落とそう」と、スタート地点の位置を知ることではじめてゴールを設定することができます。また、これまでの生活を振り返って、「先月は週3回もケーキを食べていた」など、体重が増えた原因に気づけば、「ケーキは週1回にして、代わりにフルーツにしよう」など今後の対策も見えてくるでしょう。

1年前の通帳と比べてみる

家計の立て直しも同じです。まずは今、家の家計が赤字か黒字なのか？を知ることからはじめましょう。家計の状態がよくわからないという人は、**預金通帳を開いて、1年前と今の通帳残高を比べてみましょう。**1年前に比べて残高は増えていますか？ 減っていますか？ 増えていたらひとまずは黒字といえます。もし**1年前と変わらない、もしくは減っている場合は要注意。**今すぐ支出の見直しをしましょう。「残高が変わっていなければいいのでは？」と思うかもしれません。でも、少しでもプラスに転じていない家計は考え直す必要があります。お金を貯めるというのは、**「収入から支出を引いたものをプラスにする」**ことだからです。

この方法は、現在投資などをまったくやっていない方向けです。たまに、積立投資信託(積立投信)をやっている人が、「先生、全然お金が増えていません！ むしろ減っているのでどうしましょう」と心配されることがありますが、これはお金を別の場所で貯めているだけ。まずは左ページのチェックリストを見て、自分がどのくらいできているか？を確認してみましょう。

●家計の基本をYES/NOでチェックしてみましょう

		YES	NO
1	毎月のおおよその生活費がわかる	□	□
2	現在のおおよその貯蓄額がわかる	□	□
3	毎月一定額のお金を貯めている	□	□
4	生活費6カ月分以上の貯金がある	□	□
5	自分のおおよその年金額を知っている	□	□
6	自分のおおよその退職金額を知っている	□	□
7	「複利」についてだいたい説明できる	□	□
8	iDeCoやNISAをはじめている	□	□
9	節約するより、お金を稼ぐほうがよい	□	□
10	毎月の赤字は、ボーナスで補填できている	□	□
11	老後は今ほど生活費がかからない予定だ	□	□
12	老後は働かず、年金だけで生活したい	□	□
13	老後のお金は主に貯金で用意している	□	□
14	医療保険は保障が手厚いものに入っている	□	□
15	携帯電話の料金プランの見直しをしていない	□	□
16	貯金よりもローンの返済を優先したい	□	□
17	投資はギャンブルだと思う	□	□

- **1**～**8**までの質問がYESであれば、かなり優秀です。NOのところは、これからYESにしていきましょう。
- **9**以降の質問の答えがYESなら、これからの時代はちょっと注意が必要です。理由はこれから説明していきます。

1 知る・確認する

お金の不安は「見える化」で解消する

見えないから不安。まずはあなたの必要額を知るところから

見えないままにしない

このコロナ禍で店は休業や営業時間の短縮を余儀なくされました。会社員もボーナスゼロや減収、さらにはリストラの可能性もあるでしょう。老齢年金は、令和3年度4月分から0・1％引き下げられました。収入減の流れがやってきていることはたしかです。

「年金だけではとうてい暮らしていけない？　でも、貯金もないし……」と考えるうちに何とも暗い気持ちになる人もいるのではないでしょうか。**でも、その不安は漠然として目に見えないからこそ、より一層増幅してしまいます。**

そもそも、人によってお金の使い方も違えば、家族構成も違います。当然、必要となるお金も変わってきます。2人暮らしで共働きの家庭と、私のように育ちざかりをたくさん抱えた8人家族とでは、支出も違えば将来必要なお金も違うのは至極当然ですよね。それらをひとまとめにして、「将来かかるお金はいくらです」と言い切るのは少々乱暴だと思うのです。

大事なのはあなたに必要な金額

知るべきは、**あなた自身に必要な金額です**。それをしっかり明確にすれば、今から取るべき策も見つかり、不要な不安はかなり解消されます。それとともに、定年後の生活に向けての準備もできるのではないでしょうか。たとえば、毎月生活費に40万円かかっていた人が、年金生活でいきなり月20万円に抑えることはなかなか難しいと思います。けれど、今後必要なお金がわかったら、具体的な対策を考えることができるとともに、心構えも変わってくるはずです。

「このまま毎月40万円使い続けていたら確実に破綻の道を突き進むな」という現実が見えたら、そのままにはしないですよね。まず月の支出を減らし、今から月20万円の生活に少しでも近づけることを考えるのではないでしょうか。一番よくないのは、月いくら使っているかも知らないまま、「この先、生活できなくなったらどうしよう」とただ手をこまねいていることです。

具体的には、**毎月の収入（仕事、年金）と毎月の支出（固定費、変動費）、将来かかる予定のお金（介護費、家のリフォーム代など）を知りましょう**。それらの数字が明らかになると、**今あるお金（資産）**、**これから必要になるお金**、**準備すべきお金**がはっきり見えます。不安は軽くなりますし、「こんなはずじゃなかった！」とはいえなくなるはずです。

老後の必要額を確認してみましょう

毎月の支出額　　　円 ×12カ月×15年・20年・35年＝　　　円

毎月の支出	1年間	15年間	20年間	35年間
12万円	**144**万円	**2160**万円	**2880**万円	**5040**万円
15万円	**180**万円	**2700**万円	**3600**万円	**6300**万円
20万円	**240**万円	**3600**万円	**4800**万円	**8400**万円
25万円	**300**万円	**4500**万円	**6000**万円	**1**億**500**万円
30万円	**360**万円	**5400**万円	**7200**万円	**1**億**2600**万円

※物価上昇率などは考慮せずに計算。

日本人の平均余命

現在の年齢	男性の余命（＋現在の年齢）	女性の余命（＋現在の年齢）
40歳	**42.57**年（82.57歳）	**48.40**年（88.40歳）
45歳	**37.80**年（82.80歳）	**43.56**年（88.56歳）
50歳	**33.12**年（83.12歳）	**38.78**年（88.78歳）
55歳	**28.58**年（83.58歳）	**34.09**年（89.09歳）
60歳	**24.21**年（84.21歳）	**29.46**年（89.46歳）
65歳	**20.05**年（85.05歳）	**24.91**年（89.91歳）
70歳	**16.18**年（86.18歳）	**20.49**年（90.49歳）

（厚生労働省「令和2年簡易生命表」より）

まずは「見える化」を！

- ちょっとドキッとする金額が出ますが、**ここから年金や貯金を差し引いて**、足りないお金を準備します。
- 年金の受給開始年齢である[*1]**65～100歳までの35年間**で考えると安心です。現在日本人で100歳を超える方は、[*2]8万6510人いらっしゃいます。

＊1……昭和36年4月2日以降に生まれた男性、および昭和41年4月2日以降に生まれた女性。
＊2……2021年9月時点の住民基本台帳による数字。

1
知る・確認する

自分の現状を○、△、×で評価する

収入、支出、運用のうち、あなたのできるところから手をつける

挫折しないための優先順位づけ

お金を増やすセオリーは次の3つです。

1 収入を増やす
2 支出を減らす
3 今すぐ使わないお金を運用する

「それができないから困っているのよね」という方もいると思います。その理由はすべて同時にやろうとするから。収入を増やそうと頑張りながら、節約しようと頑張り、さらに運用にも手を出す。これでは疲れてしまいますし、どっちつかずになって結局挫折するはめに陥ります。

まずは、**収入、支出、運用の3つのうち、自分のできるところから手をつけ、そのほかへと広げていきましょう。**

冷静に自己採点する

収入、支出、運用……。今のあなたはどれができていて、どれが弱いですか？　この3つの出来具合を○、△、×の3段階で自己採点してみましょう。

「お金は稼いでいるんだけど、つい使っちゃって。運用はやっていない」なら、「収入○、支出△、運用×」。支出を抑える工夫をしながら、運用をはじめてみましょう。「収入はそれほどよくないけれど、節約は考えてやりくりしているほう。最近、投資もはじめたし」なら、「収入△、支出○、運用△」などです。収入が頭打ちだと思ったら、運用をもう少し強化して、△から○に上げることでバランスを取ってみてもいいでしょう。

判定は実際に「見える化」して数値を見てもいいですし、自分の感覚で「やっているか」「やっていないか」を考えてもいいです。

このとき、ひとつ気をつけてほしいことがあります。評価は客観的に行うことです。「けっこう頑張って仕事をしているし……」「最近、買いすぎはやめようと気をつけているから」など、つい自分の気持ちを入れたくなるものです。でも、ここでは自分の思い入れは抜きにして、自分の「強いところ」「弱いところ」を冷静に判断しましょう。

そして、いいところはそのまま続けながら×や△のできるところから手をつけて、重点的に改善できるよう見直します。×は△に、△は○を目指す。どれかひとつを完璧な○や◎にしようとするのではなくて、収入、支出、運用すべてが「○、○、○」に近づくように。

全部のバランスが極端に悪いものにならないようにすると、今後どのような状況が起きても対応できる強い家計ができあがります。

お金を増やす3つのセオリー

1：収入を増やす ＝ 稼ぐ力

2：支出を減らす ＝ コントロールする力

3：運用する ＝ 増やす力

3つの力を自己採点してみましょう

	採点		改善方法
収入を増やす（稼ぐ力）	△		転職する／昇進する／副業する／共働きをする
支出を減らす（コントロールする力）	○		工夫する／節約する
運用する（増やす力）	×		投資をはじめる

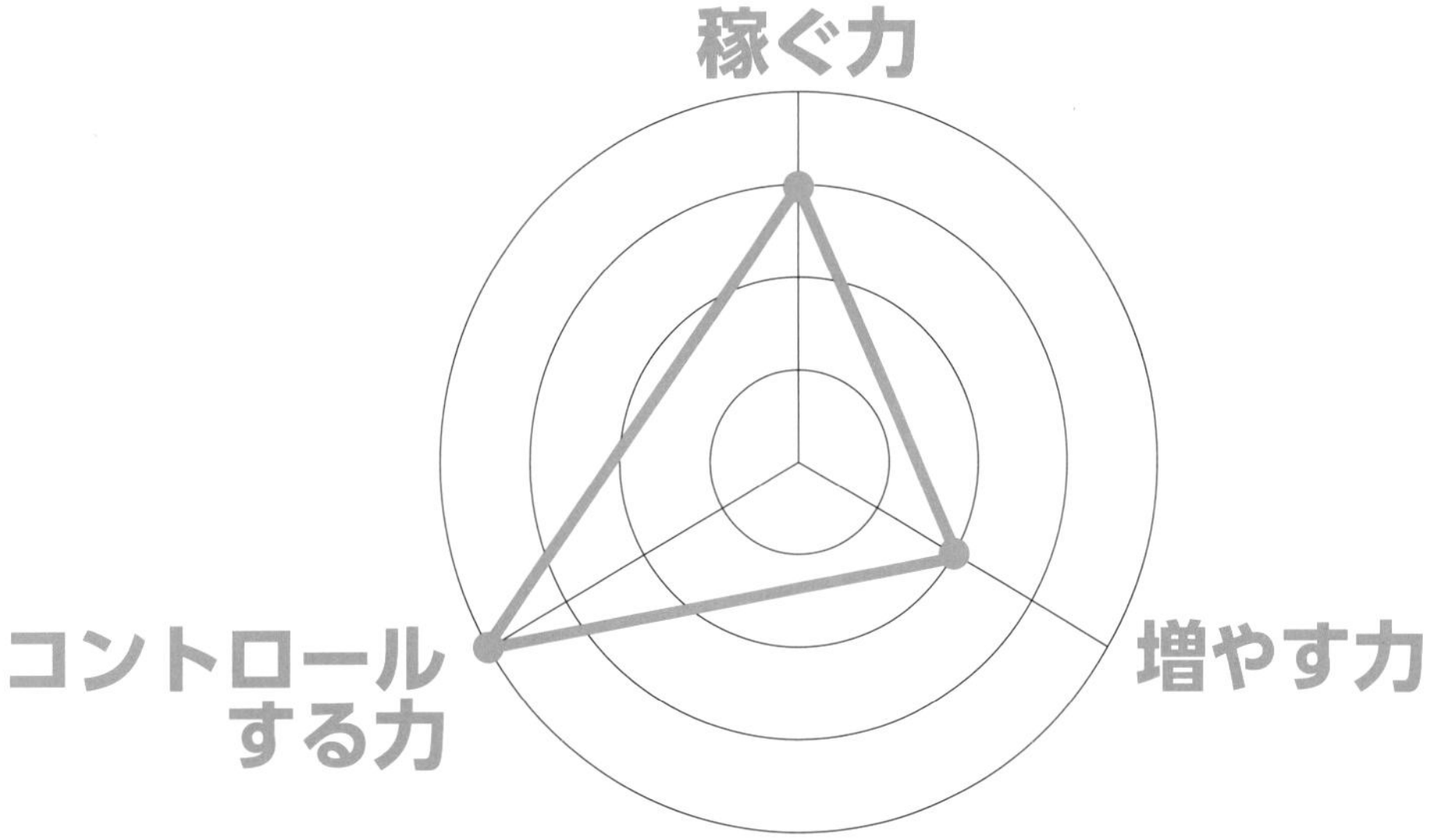

順番が大切です！

- その1、実行可能なものに取り組みつつ、自分の**ウイークポイント（弱いところ）**を認識する。
- その2、ウイークポイントを改善し、**極端に悪いものをなくす**。
- その3、3つを**バランスよく行なう**。

1 知る・確認する

老後も使うお金はあまり減らない

「老後は減るはず」の見込みで後悔しないために

思っているほど減らないもの

将来必要なお金を考えるときには、**今の生活レベルから必要額を算出してみるといいでしょう。**

というのも、老後にかかるお金を考えたとき、どうしても低く見積もる傾向にあるからです。

定年を迎え、再雇用制度などで働いている方のお悩みのひとつに、**「本当はもっと支出が減るはずだったのに、実際には全然減らない。どうしよう……」**というものがあります。収入は減った。なのに支出はさほど減らない。そのため、毎月家計は赤字で貯金はどんどん先細り、将来への不安は日々増すばかりという状態です。

子どもが巣立ったら教育費はかからなくなるし、人数が減るから食費も浮くはず。住宅ローンも払い終わるだろうから、支出はかなり抑えられるだろう。そう考えるのも無理はありません。学費や塾代など、子どもが大きくなったら確実に支出がなくなるものももちろんあります。

でも一方で、**老後から出費がかさむものもある**のです。たとえば、時間ができたからと趣味をはじめたり旅行に行ったりすることも増えるでしょう。スポーツジムに通いはじめる方もけっこういらっしゃいます。人と会う機会が増え、意外と**交際費が増える傾向にあります。**

一方、食費は思うほど減りません。たしかに人数が減る分「量」は少なくなるかもしれません。ですが、その分「質」を求めて今までより高いものを買うことも多くなります。結果、トータルの金額は変わらないか若干減るくらいです。そのほか、冠婚葬祭費も増える可能性がありますし、子どもにお金がかからなくなった分、孫にお金がかかる場合も多いです。

増えるうえに額が大きいもの

また、侮《あなど》れないのが医療費、介護費です。通院することになれば医療費も増加しますし慢性の病気を患えば、毎月数万円が飛んでいきます。身体のことだから節約するわけにもいかないですよね。[*1]75歳以上の医療費の窓口負担は1割から2割に引き上げられることが決まっていますから、医療費が減ることはまずないでしょう。このように、これまでなかった新たな支出も出てくることを忘れないでください。**「支出は減るはずだから、その分使っても大丈夫」という見込みはキケンです。**基本的には老後も今と同じ、減るとしても多少という心づもりで将来のお金を考えましょう。

＊1……一定以上の収入（単身世帯200万円、夫婦二人なら320万円以上が目安）のある75歳以上の人が対象。負担が急増しないよう、導入後3年間は外来に限りひと月の負担増を最大3000円に収める措置が設けられる。現役並みの収入がある人は3割負担。

65歳以上の夫婦のみの無職世帯の家計収支 ―2020年―

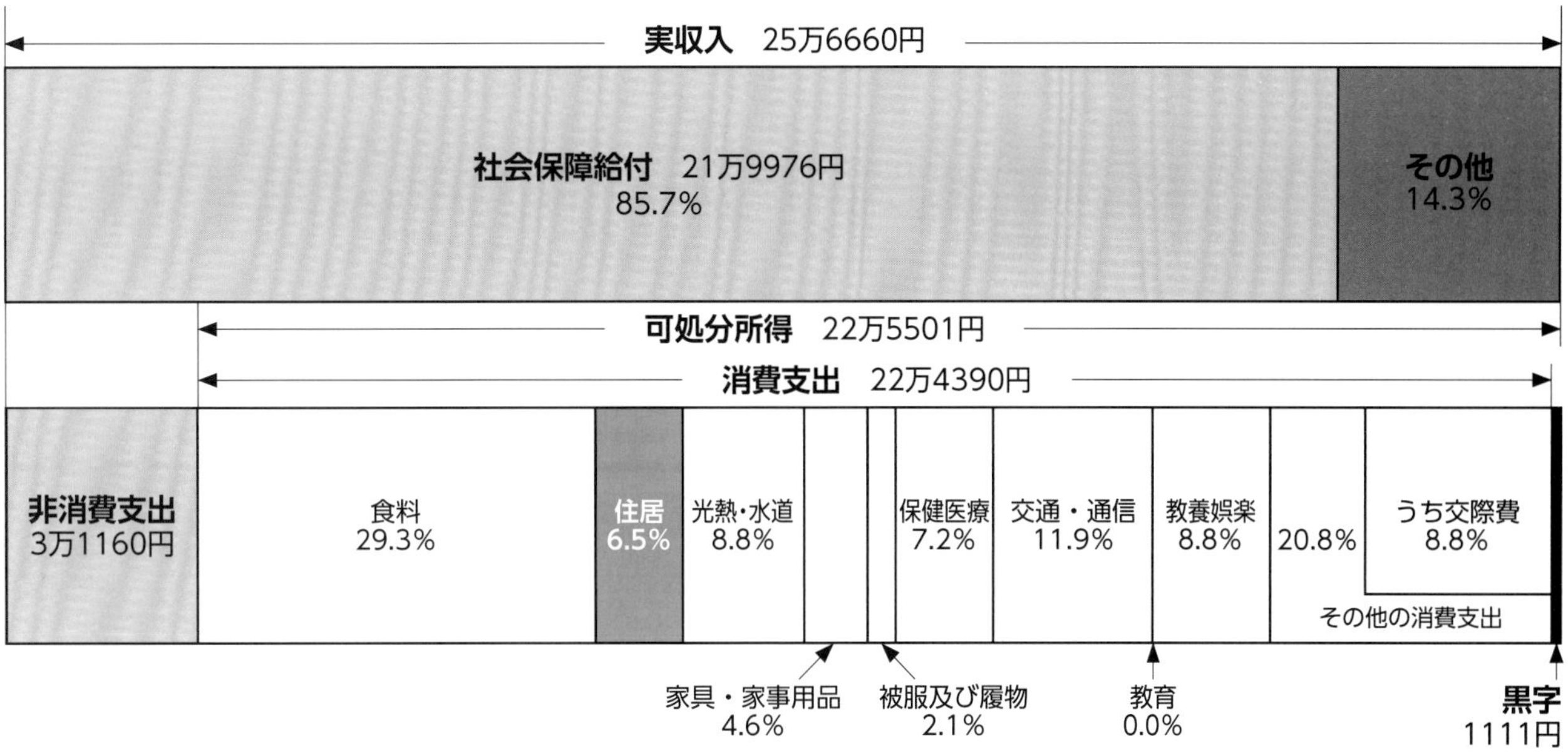

（総務省「家計調査報告書（家計収支編）令和2年」より）

あなたの場合を書き出してみましょう

減るもの	減らないもの	増える可能性の高いもの
・居住費（住宅ローン）	・居住費（賃貸）	・医療費
・教育費	・食費	・介護費
・	・水道光熱費	・趣味娯楽費（スポーツジムなど）
・	・交通費	・孫への費用
・	・レジャー費	・
・	・交際費	・
・	・	・
・	・	・

「住居費」に注意！

- 上の家計収支で「住居」の割合が 6.5%（1 万 4585 円）と低いのは、持ち家の方も含まれているからです。持ち家の方は固定資産税や火災保険、リフォーム代などが、賃貸の方は家賃のほかに更新料や火災保険などが必要になります。
- コロナ禍の特別定額給付金などの影響で、2020 年は例外的に黒字が出ていますが、過去のデータはおおむね赤字です。

1 知る・確認する

貯める人の共通点

ボーナスはないものと思い、毎月の収入だけで生活する習慣を

キケンなボーナス頼み

お金をしっかり貯めている人を見てみると、共通点があることがわかります。それは、**「毎月の収入の中できちんとやりくりしている」**ということです。一見当たり前のことのようですが、実行するとなるとこれがなかなか難しい。1年のうち、1、2カ月は赤字になってしまう、ということはよくあることだからです。でも、**12カ月分の12の家計をきちんとプラスにしている人は、確実に貯めることに成功しています。**

よくあるのが、**「ボーナス頼みにすること」**。ボーナスをあてにして、月の収入を超えた金額を使ってしまうことです。ボーナスは実はかなり不安定なものです。会社の業績によって金額も変わりますし、出なくなる可能性もおおいにあります。

実際、コロナ禍でボーナスゼロの企業も数多くありましたし、ボーナスは出たものの、金額が予想以上に少なかったという声も多く聞きます。

ボーナスのある方もあてにせず、ないものくらいに思って、**月の収入だけでおさめることを目標にしましょう**。ボーナスは車検や入学金、塾の講習代など、月の収入ではカバーできない「特別支出」と呼ばれるちょっと大きな出費に取っておきます。何より、定年後は再雇用でもボーナスが出るケースは少ないです。

貯まる勝ちパターン

では、月の収入のうち、どのくらい貯蓄に回せたらいいでしょう。目安としては、**手取り金額の6分の1**を毎月貯められたら上出来です。

また、ボーナスをもらっている場合はプラスして**ボーナスの2分の1**を貯めるようにしましょう。とはいっても、これはあくまでも「目安」です。貯めることに躍起になって生活がかつかつになりすぎては毎日が楽しくなくなってしまいます。大事なのは、「このくらい貯めたいな」という希望的観測でも、「頑張ってこのくらい貯めるぞ」という無理めの設定でもなく**確実に貯め続けられる目標**です。

「収入の30%を貯金に回したいです」という人がいますが、気持ちだけ先走ってできない目標を掲げても意味がないですよね。一見低い目標に思えるかもしれませんが、「毎月1万円プラスにする」でもいいのです。自分の負担になりすぎず、やれる目標、できる目標を立てて達成しましょう。それが3カ月連続でできたら、少し上の目標を掲げてみる。それが最終的には一番の勝ちパターンです。

あなたの理想の貯蓄額（年間）を計算してみましょう

［手取り月収　　円］÷6×12カ月＋［手取りボーナス　　円］÷2＝［　　円］

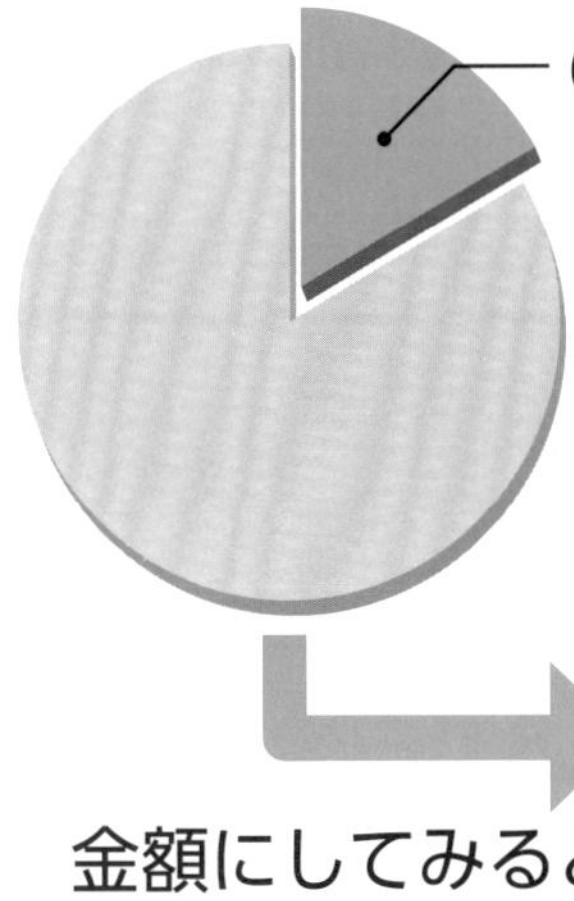

6分の1（約16.7%）は、こんなイメージ。

金額にしてみると

手取り月収	その6分の1は	年間では
25万円	約4.2万円	50.4万円
30万円	5.0万円	60万円
35万円	約5.8万円	69.4万円
40万円	約6.7万円	80.4万円
45万円	7.5万円	90万円
50万円	約8.3万円	99.6万円

世帯主の年齢階級別貯蓄・負債現在高（二人以上の世帯）―2020年―

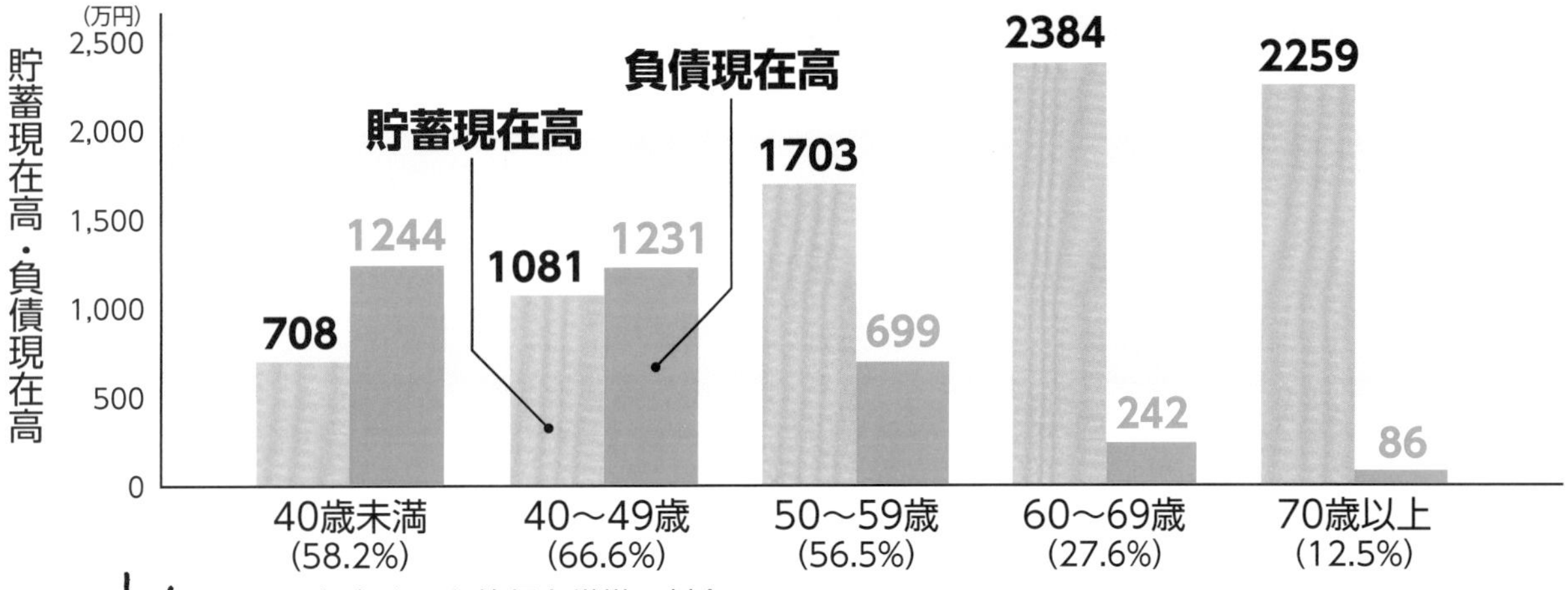

※（　）内は負債保有世帯の割合

（総務省「家計調査報告書（貯蓄・負債編）令和２年」をもとに作成）

手取り額で！

- 家計管理は必ず**手取り額**（実際に手にする額）で行います。
一般的な給与明細では、所得税や住民税、健康保険料などが引かれた**「差引支給額」**として明記されています。

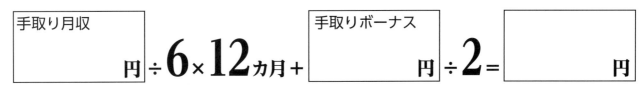

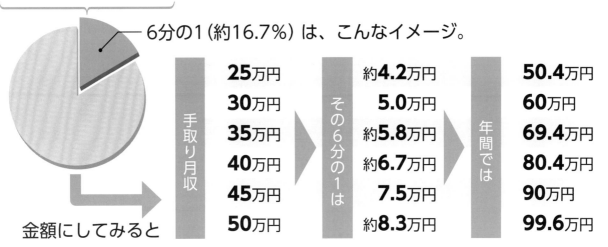

1 知る・確認する

家計のマイナスはグンと減らせる

誰でもできる「老後2000万円」の不足を埋める工夫

2019年には金融庁の金融審議会が「老後2000万円問題」を発表しました。総務省「家計調査の年報（家計収支編）平成29年」によれば、夫(65歳以上)、妻(60歳以上)の無職世帯の平均月収入は約20万9000円であるのに対し、支出は26万4000円ほど。毎月約5万5000円の赤字になる計算です。年間で約65万円、**30年間で約2000万円が不足するので、その赤字分を貯蓄で補う必要がある**というのが報告書の内容でした。

しかし、老後に必要となる金額は毎年変わります。コロナ禍でひとり10万円の特別定額給付金が支給されたことや、令和元年から公的年金などの収入が一定基準額以下の年金受給者に年金生活者支援給付金が支給されたことで、平均月収入は[*1]25万6660円に増えた一方、外出の自粛などにより支出が25万5550円に減り、2020年（令和2年）の収支は1111円の黒字になると発表されたのです。データなんてそんなものです。

不足を埋める合わせ技

とはいっても、何の策も取らなければ赤字家計は目に見えています。

ですが、ちょっとした工夫で月のマイナスはかなり減らすことができます。月5万5000円のマイナスでもその差額はふたつの方法で埋めることができます。

ひとつは、**働いて補填する。**

もうひとつは、**節約して浮かせる。**

月2万円分稼いで、2万円分節約することで、月のマイナスは1万5000円まで縮小することができます。すると、将来必要なお金も約2000万円から約540万円にまで減少するのです。お金は合わせ技でつくり出しましょう。

50代から収入は減る

収入は一般的に50代後半から減少します。役職定年を迎えるからです。公益財団法人ダイヤ高齢社会研究財団が2018年2月に行った調査によれば、定年後も働く60代前半の男性1000名のうち40・5%が役職定年を経験し、そのうち9割以上が役職定年前より収入が減少したと答えています。また、定年前の年収を100とした場合、役職定年後の年収が50~75%未満になったと答えた人がもっとも多くて全体の32・6%、25~50%未満になった人が31・1%。**実に6割以上の人が少なくとも定年前の収入の3割近く減少している**ことがわかります。現状維持以上の人は1割もいません。

データは目安程度に考える

＊1……総務省「家計調査報告書（家計収支編）令和2年」

不足分を減らす合わせ技のイメージ

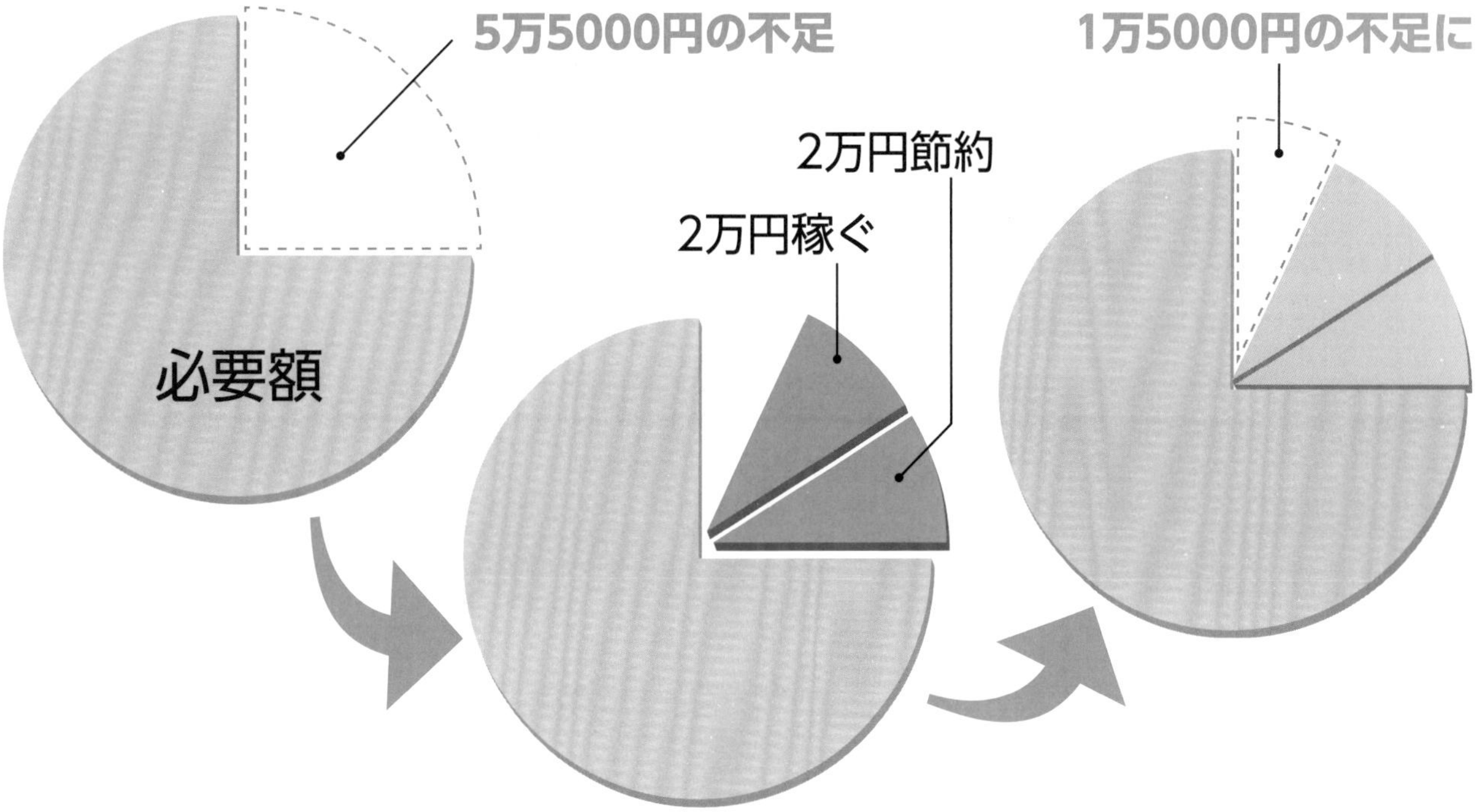

不足額はこんなに違ってくる

月の不足	1年間	15年間	20年間	35年間
1万円	**12**万円	**180**万円	**240**万円	**420**万円
1万5000円	**18**万円	**270**万円	**360**万円	**630**万円
5万円	**60**万円	**900**万円	**1200**万円	**2100**万円
7万円	**84**万円	**1260**万円	**1680**万円	**2940**万円
9万円	**108**万円	**1620**万円	**2160**万円	**3780**万円

＋予備費
(1000万円)

予備費とは？

- 「老後2000万円問題」は、あくまで**毎月の生活費の不足額**を計算したものです。なので、このほかに夫婦で**1000万円、単身者なら500万円ほどの予備費**があるとよいと考えます。これは**将来の介護費用や家のリフォーム費用など**を想定したものです。

1 知る・確認する

必要なお金は「月」と「年」で考える

「毎月の支出」と「特別支出」は必ず分けて一緒にしない

年単位で考える「特別支出」

必要なお金を考えてみましょう。このとき、**毎月使うかそうでないか?**によって分けて考えます。月単位で必要なお金と年単位で必要になるお金です。

月単位の支出にはどのようなものがあるでしょう? 携帯電話代、住居費、住宅ローン、塾代などです。

それ以外の年単位で考える支出には、固定資産税、入学費用、車検、塾の夏期講習代、家のリフォーム代（マンションなら年払いの修繕積立金や管理費）、冠婚葬祭費（ご祝儀、お香典）、お中元・お歳暮代などがあります。イレギュラーに発生する支出で「特別支出」と呼びます。毎月ではないけれど、年のうち支払いが発生し、しかも一回に出る金額が大きいものが多いです。

将来の介護費なども特別支出に分類されます。介護費や家のリフォーム代は意外と忘れがちですが、少なからず必要となるお金です。

公益財団法人生命保険文化センターが平成30年度に行った「生命保険に関する全国実態調査」によれば、介護にかかる平均額は月約7・8万円です。月に15万円以上支払っている方も全体の15・8％いました。介護の平均的な期間は54・5カ月（4年7カ月）なので、トータルで約４２５万円かかる計算です。

また、家のバリアフリー対策や介護ベッド、車いすの購入などにかかった費用の合計は平均69万円という結果が出ています。

家のリフォームにはどのくらいの費用がかかるのでしょうか。一般社団法人住宅リフォーム推進協議会が２０１９年に発表した調査によれば、平均リフォーム予算は一戸建てで２６９・３万円、マンションで２６１・６万円となっています。

年単位で考えるお金のうち、固定資産税や車検代、入学金などあらかじめ金額がわかっているものは、事前にその金額分を分けておくといいでしょう。

特別支出は「貯める」お金

あとで詳しく話しますが、お金は**「使うお金」**、**「貯めるお金」**、**「増やすお金」**に分けます。使うお金は日々の生活に必要なものを買うためのお金、貯めるお金はいざというときのために使う「生活防衛資金」、増やすお金は投資などの運用に回します。**月ごとのお金は「使うお金」**、年ごとにイレギュラーに発生する**特別支出は「貯めるお金」**と共に貯め、支払いはここからねん出します。

●「月」と「年」で考える支出の種類

月単位で考えるもの＝生活費

毎月出ていくお金、金額があまり大きくは変わらないもの

・家賃（管理費含む）
・住宅ローン
・食費（場合によっては週単位）
・水道光熱費
・通信費（固定電話・携帯電話・インターネット料金）
・新聞代・NHK受信料
・生命保険料
・車のローン
・車の保険料（月払い）
・ガソリン代
・生活日用品費
・医療費
・教育費
・交通費
・被服費（クリーニング代含む）
・娯楽費
・小遣い
・嗜好品代（酒・たばこなど）
・理容・美容費
・ペットのえさ代
・
・

年単位で考えるもの＝「特別支出」

年に1～数回またはイレギュラーに出ていくお金、一回の金額が大きいもの

・固定資産税
・リフォーム代
・マンションの修繕積立金や管理費（年払い）
・入学費用
・車の保険料（年払い）
・車検費用
・教育費（塾の夏期講習など）
・冠婚葬祭費
・お中元・お歳暮代
・介護費
・
・
・
・
・
・
・
・
・
・
・
・

仕分けのポイント！

●家計管理の苦手な方は、「月単位で考える支出」と「年単位で考える支出」をよく**ごちゃごちゃにされて**います。このふたつを分けて考えるのが、家計管理の基本。**「毎月」**出ていくお金か、そうでないかを考えれば、簡単に仕分けできます。

赤字家計は改善できる！

家計改善に成功している人には、共通する７つのポイントがあります。

●**自分のお金の「使い方のクセ」を知っている**…… いつ、どんなことにお金を使いがちか？がわかっている

●**お金の流れがわかっている**…… 何に、どのくらい払っているか、支出全体を把握しているのでコントロールしやすい

●**行動力がある**……「改善しなきゃ」と思ったらすぐ実行する機動力は重要

●**「安い」「特売」「期間限定」に惑わされない**…… 自分なりの基準を持っていて、価格に左右されない

●**支出にメリハリが効いている**…… 必要のない支出は思い切って断ち切れる

●**固定費の削減をしている**…… モチベーションに左右されず、節約できる

●**お財布の中がスッキリ整っている**…… お金を意識していることのあらわれ

Aさんは、お金を貯めたくて家計簿をつけはじめました。けれど、なかなか支出は減らないし、ちっともお金が貯まりません。寝る前にコンセントを抜く、お風呂のお湯は身体が浸かるギリギリまで減らすなど、目いっぱい頑張ると一時的に支出は減るけれど、気を抜くとすぐに元通り……という状態を繰り返していました。

そこで、Aさんには週に１回家計簿の「振り返り」の時間を取ってもらうことにしました。「何にいくら使ったか」と同時に「これは必要なかったな」と見直してもらったのです。「特売品をつい買ってしまうけれど余らせることも多い」など、支出のクセが見えてきました。同時に、自分の暮らしに必要なもの、そうでないものがはっきりわかったのです。

また、コンセントを抜くなどのこまごました節約はやめ、代わりに携帯電話のプランや生命保険などの固定費を見直しました。さらに、財布の中のレシートはこまめに出し、ポイントカードは使っているものだけに、クレジットカードは２枚までにしたら、財布がすっきりしただけでなく支出の流れが見えやすくなり、お金をいくら持っているかを常に把握できるようになりました。

このように、上でご紹介した７つのポイントを実行に移したら、Aさんの家計に変化があらわれました。家計が黒字になって、毎月お金を貯めることができるようになったのです。

第2部 支出を見直す

支出——収入＞支出にするために

お金が貯まらないのは、自分なりの基準が決まっていないから

何にいくらまで使っていいか？

ここからは一つひとつを細かく見ていきましょう。まずは「支出」から。

お金が貯まらないのは、「収入より支出が多いから」に尽きます。収入＞支出におさめればいい。それはわかっていてもなかなかできないですよね。その原因のひとつは、**「何にいくらまで使っていいか？」**という基準が明確ではないからです。そこで、自分なりの基準をつくりましょう。

月の**食費は夫婦と子ども2人で収入の14％、住居費は25％以内**におさめることが理想だと言うことがあります。でも、**これらはあくまでも「目安」**。絶対ではありません。これに合わせようとしすぎると苦しくなってしまいます。

以前、相談にいらした方は支出の割合にこだわりすぎるあまり、お金を使うたびに罪悪感を覚え、お金を払うことがストレスになったといいます。そうなってしまうと毎日がつらいし、何より楽しくないですよね。お金は人の生活を潤すためのもの。なのに、お金に支配されてしまっては本末転倒です。

自分なりの支出の割合を決める

ときとしてデータには掲載する側のバイアスがかかっている場合もあります。たとえば、結婚式の平均相場などは式を盛大に挙げてお金を使いたい人を中心に集計しているのか、若干高めに思えることもあります。**データは100％うのみにしないこと**。「そもそもデータって何なんだ？」くらいに思って流しておきましょう。先の例でいえば、結婚式の平均金額を使わなければいけないわけではありませんよね。人それぞれ、お金をかけたい部分、かけなくていい部分が違います。老後に必要な金額も同じことです。「老後にはいくらなければいけない」も「確実に○○円は必要」もありません。

支出の割合は自分なりに「カスタマイズ」してみましょう。もし食にこだわる人であれば、食費の占める割合は平均より少し高くなるかもしれません。それでもいいのです。大事なのは**トータルで黒字になること**。食費の割合が少し高めなら、その分日用品を抑えるなどほかの部分で調整しましょう。「あれも我慢しない」「これも削れない」ですべての項目が目安より高ければ、家計は破綻の道へ突き進むばかりです。

重要なのは、「自分なりの支出割合」を設定すること。まず今のお金の流れを把握することからはじめましょう。

お金が貯まる人の支出の黄金比率

・年収**700**万円（手取り550万円）
・**4人**家族（50代夫婦、高校生と中学生の子ども）
・手取り月収**36**万円の会社員の場合

家計費内訳	理想の割合	金額
手取り	**100.0**%	**36**万円
住居費（住宅ローン・家賃）	25.0%	9万円
食費	14.0%	5万400円
水道光熱費	7.0%	2万5200円
通信費（電話・インターネット料金）	4.0%	1万4400円
生命保険料	5.0%	1万8000円
日用品費	2.0%	7200円
医療費	1.0%	3600円
教育費	3.0%	1万800円
交通費	1.5%	5400円
被服費	2.0%	7200円
交際費	1.5%	5400円
娯楽費	1.0%	3600円
小遣い	12.0%	4万3200円
嗜好品費（酒・たばこ）	2.0%	7200円
その他	2.3%	8280円
預貯金（投資信託などを含む）	16.7%	6万120円
支出計	**100.0**%	**36**万円

食費の20%超えは少し注意

生命保険料の10%超えはかけすぎです

理想の貯金は月収の1/6（約16.7%）です

自分なりの「黄金比率」を！

● 上の表は、わたしが今まで相談させていただいた方から聞いてまとめた、「お金が貯まる人の支出の黄金比率」です。比率より高いものがあっても、**ほかの部分で調整できていれば問題ありません**。自分なりにカスタマイズする際のひとつの「目安」にしてみてください。

2 支出を見直す

支出は細かく見すぎない

家計簿をつけるよりも、全体を見ることが大切

家計簿はつけることを目的にしない

まずは何にどのくらい使っているか？を調べてみましょう。

そのときの注意をひとつ。**「細かく見すぎない」**ことです。

支出を見る一番の目的はなんといっても、**「収入に対して、どのくらい使っていて、どのくらい残っているのか？」「どの部分にお金をかけているか？」**を知ること。ですから、細かくつける必要はありません。スーパーで買ったものを、調味料、菓子……などに分けるのがめんどくさいと感じる場合には、30ページでご紹介している「消費」「投資」「浪費」の3つに分類するだけでもいいでしょう。それすら大変であれば、スーパーで買ったトータル金額を書くだけでも十分です。

はりきって家計簿をつけはじめたものの、そのうち家計簿をつけること自体に満足してしまう方がいます。家計簿をつける以上に大事なのは「振り返り」です。たとえば食費がかさんでいるなら、その中でも外食代が多いのか、ランチ代が多くかかっているのかなど、記録は見直すことで生きてくるのです。

家計簿で挫折しないコツ

家計簿でやりがちなのが、「1円単位でしっかりつけよう」と気負いすぎてしまうこと。家計簿の目的はあくまでも、お金の流れを知ること。ざっくりでいいのです。「うちの家計はだいたいこんな感じだ」と見えることが一番。ですから、1円たがわず家計簿につけようとするのではなく、端数は四捨五入でも切り捨てでもやりやすいほうで。１００円単位、１０００円単位で構いません。１９８円なら２００円、１４２９円なら１５００円のように、ある程度丸めて記録しましょう。

また、収支が合うことを目標にしないこと。銀行でしたら1円のずれもあってはいけませんが、家計簿では収入と支出に多少の違いがあっても問題ありません。おおまかにどのくらいの収入があって、それに対してどのくらいお金を使っているか？がわかればいいので、収支がぴったり合わないからと躍起になる必要はありません。

毎日つけなきゃ！と思うと、気が重くなってしまう方は休日に1週間分まとめて記入するのもいいでしょう。家計簿は完璧につけなくてもいいのです。それよりも大事なのは、少なくとも3カ月は続けることです。

支出をざっくり書き出してみましょう

手取り収入＝　　　　円

あなたの割合＝項目の金額÷手取り

家計費内訳		主な内容	金額	割合(%)
住居費	固定費	家賃、住宅ローン、駐車場代		
食費	変動費			
水道光熱費	変動費	電気、ガス、水道料金		
通信費	固定費	固定電話、スマートフォン、インターネット料金		
生命保険料	固定費			
日用品費	変動費	洗剤やトイレットペーパーなどの消耗品		
医療費	変動費	通院費、入院費、医薬品		
教育費	固定費	学費、塾費		
交通費	変動費			
被服費	変動費	クリーニング代なども		
交際費	変動費			
娯楽費	変動費			
小遣い	固定費			
嗜好品費	変動費	酒・たばこ		
その他	変動費			
預貯金		投資信託なども		
		支出計		

内訳がわからないものは？

- もし、どこに入れたらいいかわからないものが出てきたら、**自分で近いと思うところに入れるか、「その他」に書き足してみてください**。大事なのは、「収入＞支出」になっているか、「どの項目に、どのくらいお金がかかっているか」を知ることです。

2
支出を見直す

不安、ストレスによる出費に注意！

支出のコントロールを乱す敵とのつき合い方

節約は収入アップと同じこと

人は入ってくるお金はしっかりチェックしますが、出ていくお金はあまり見ていないところがあります。「取り勘定より遣《つか》い勘定」ということわざがありますが、お金を増やすことばかり一生懸命になるよりもムダな支出を抑えるほうが重要です。**支出節約は収入アップ**と同じ。**支出のコントロールができる人が家計を制する**と言っても過言ではないでしょう。

とは言っても、収入が増えるとその分支出も増えてしまいがちです。よくあるのが、お金を貯めるために奥さんも働きはじめたら、その分支出も増えて結局お金が貯まらないというケースです。**「支出の額は収入の額に達するまで膨張する」**というパーキンソンの法則がありますが、人は**ついあればあるだけお金を使ってしまう**ものなのです。収入が増えたときに引っ張られて支出も増えることのないようコントロールすることが大事です。

このコロナ禍では、支出の内容に少し変化が出てきました。**「変動費」に乱れが出てきた**のです。マスクや消毒液、トイレットペーパーが品薄になり、「見つけたら買い」にもなりました。すでに在庫が豊富にある今も買いだめする習慣が抜け切れず、店で見つけるとつい反射的に買ってしまうという人もいます。そのほか、「外食しない分お取り寄せで良いものを買おう」としてかえって食費が増えた、外出を控えるためにネットスーパーの宅配を使用しはじめ、送料無料にするために支出が増えたという人もいます。5人家族でこれまで月5万円だった食費が、コロナ後は8万円と1・6倍に跳ね上がったケースも。**不安やストレスは支出を加速する**ようです。

禁止より、ゆるい決まりを

変動費を抑えるためにはまず不安やストレスを軽減させることが必要です。そのためには、「どのくらいの食料があれば足りるか？」など、**食品の消費サイクルを知る**ことです。「うちは米10キロあれば○カ月もつ。しょうゆは……」などがわかっていれば、過剰に買いだめする必要もなくなります。ある方は、しょうゆのボトルに線を引き、「ここより少なくなったら次を買い足す」というルールを決めているそうです。また、お取り寄せや宅配の場合は「いくらまでならOK」という上限を設けましょう。このように「全部ダメ！」ではなく、「ここまではOK」とゆるく決まりを設ければ、心にストレスなく支出も抑えられるでしょう。

●頭の隅にとどめておきたい言葉と法則

「取り勘定より遣い勘定」

収入よりも、支出をコントロールすることの大切さを説くことわざ。
類語に「入るを量りて出ずるを為す」などがある。

「知って行わざるは知らざるに同じ」

江戸時代の儒学者で『養生訓』を著した貝原益軒の言葉。

「支出の額は収入の額に達するまで膨張する」

イギリスの歴史学者・政治学者シリル・ノースコート・パーキンソンが提唱した「パーキンソンの第2法則」。ちなみに第1法則は「仕事の量は、完成のために与えられた時間をすべて満たすまでに膨張する」というもの。

「知識への投資は、常に最高の利息がついてくる」

アメリカ合衆国建国に貢献した政治家が、教育の重要性を説いた言葉。

「72の法則」

72÷年利(%)＝元本が2倍になる年数。
年利が3%なら72÷3で36年、5%なら72÷5で14.4年あれば、
元本がおおよそ2倍になる。57ページも参照。

「節約はかなりの収入なり」

こちらも支出コントロールの重要性を説く、ルネサンスの先駆的思想家・司祭のデジデリウス・エラスムスの言葉。

「卵はひとつのかごに盛らない」

リスク分散のための投資の格言。72ページも参照。

●「パーキンソンの第2法則」に負けないためには、支出に対する自分なりの基準を持つことが重要です。収入に影響されずに、今の支出とじっくり向き合いながら、しっかりした軸をつくることに努めましょう。

2
支出を見直す

支出は「金額」より「使い方」を見る

3つの使い方「消費」「浪費」「投資」であなたのムダがわかる

生きるために必要な「消費」

支出を毎月かかるものとイレギュラーにかかる「特別支出」に分ける、というお話をしました。そのうち、**毎月かかる支出の「使い方」を見てみましょう**。というのも、ついつい人は支出の「金額」ばかりに目を向けがちだからです。本当に大事なのは、金額よりもお金を何に使ったのか？という「使い道」です。生きるために必要な支出なのか、それともムダ遣いなのか？　必要なところは変にケチることなくしっかりお金を投入する。そして、どうでもいいものに使っているお金やムダな支出を見つけ、しっかり削っていくのです。

お金の使い方は具体的には「消費」「浪費」「投資」の3つに分けて考えます。

消費は、毎日の生活に必要なもので、主に食費や日用品費、住居費、水道光熱費、携帯電話代などです。消費に関する支出がすべて必要なものか？というと必ずしもそうでないことが多いです。同じ食材でも腐らせてゴミ箱行きになったものは「浪費」です。このように、同じ食費でも見直す余地は十分あります。

未来の糧となる「投資」

投資は、未来の自分の糧《かて》となる支出、将来の生産性が上がる使い方です。

貯金はもちろん投資信託やiDeCo（イデコ）など長期の資産形成も入ります。また、勉強のために本を買う、習い事で資格を取得するなどの「自己投資」もここに含みます。あとで詳しくお話ししますが、それを買ったり利用したりすることで自分の生産性が上がる、自分の時間が増える、仕事に使えるなど、自分や家族のために役に立つことは「投資」に分類できます。

遊び、ムダでも必要な「浪費」

浪費は遊びの部分やムダな部分。生活にはなくても支障のない支出です。買ったのに読まなかった本、着なかった服や靴などもここに含まれます。「なくてもよかった」「買わなくても済んだ」と感じたものです。ただ、浪費は絶対にダメなわけではなくて、一度は経験したほうがいいものもあるでしょう。ですから、ゼロにする必要はまったくありません。人生には多少の遊びも必要です。

全支出に対して、消費70：投資25：浪費5の割合が理想です。途中で「これはやっぱり投資だ」とか「浪費だった」など、仕分けを変えてもいいです。使ったお金を振り返ることにこそ意味があります。

●理想の「消費」「浪費」「投資」の割合

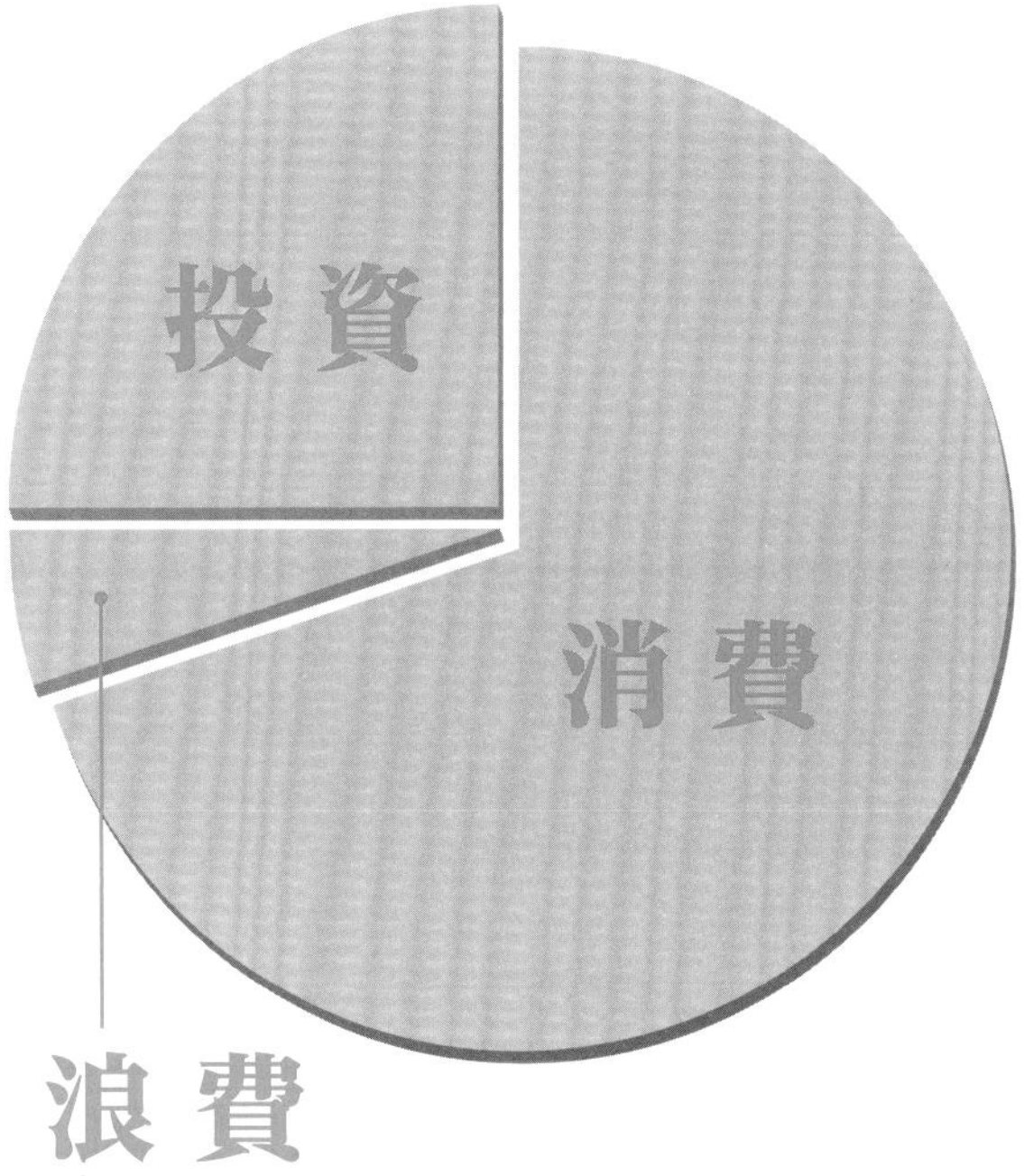

消費 **70%**

毎日の生活に必要なもの
生きるために必要な支出

食費、日用品費、住居費、水道光熱費、通信費（携帯電話代）など

浪費 **5%**

遊びの部分やムダな部分
なくても生活に支障のない支出

飲み代、お菓子代、たばこ代など

投資 **25%**

未来の自分の糧となるもの
貯蓄率16.7%を含む

預貯金、投資信託、iDeCoなどの資産形成、本代や習い事など勉強のための出費など

●あなたの理想の消費・浪費・投資の割合を確認してみましょう

あなたの手取り	円	20万円	25万円	30万円	35万円	40万円
消費 70%	円	14万円	17.5万円	21万円	24.5万円	28万円
浪費 5%	円	1万円	1.25万円	1.5万円	1.75万円	2万円
投資 25%	円	5万円	6.25万円	7.5万円	8.75万円	10万円

「ショウ・ロウ・トウ」

●「消費」「浪費」「投資」の3つの頭文字から「ショウ・ロウ・トウ」と覚えるといいですよ。「浪費」と「消費」を減らして、その分を「投資」に回すことで、理想の割合に近づけていきましょう。

2 支出を見直す

自分なりの仕分けルールをつくる

消費、投資、浪費の振り分けのコツは「意味づけ」にあり

同じ食費にも「消費」と「浪費」がある

支出を消費、投資、浪費に分けて考えてみましたが、この仕分け方は人によって少し変わってくると思います。大事だと思うものに違いがあるからです。

たとえば、プリンを買ったとします。「栄養をとるのに必要ないから」と、毎回「浪費」と考えなくてもいいでしょう。もちろん、毎日2個も3個も買っていたら浪費になるかもしれませんが、1個くらいなら「消費」でいいです。しかし、**「食費はすべて消費」ではありません**。余らせて腐らせてしまったものや賞味期限切れで捨ててしまった食材は、単なるムダですから「浪費」になります。先にもお話ししましたが、あとから見直して仕分けを変えてもいいです。

「投資」はその成果や将来の効果も考える

外食でも、友達とのただの飲み会は浪費になるかもしれませんが、もし未来の仕事につながる会食ならば「投資」になります。

ちなみに、私の最近の投資は「コーヒーメーカー」です。おいしいコーヒーがワンタッチで飲めるので、喫茶店に行く必要もなく、家で過ごす時間が充実し、仕事もはかどるようになりました。**生産性が上がったという意味で立派な投資です。**

そのほか、電動アシストつき自転車を買うことで子どもの送り迎えが楽になり時間短縮になった、自動掃除機を買うことで掃除の時間が短縮され自分の時間を持てるようになったなどの成果があれば、これらも「投資」です。ある方は、将来のために「歯」を治療したといっていました。年を取っても自分の歯で噛めるように、今のうちにしっかりとメンテナンスをしておくというのです。年を取ると入れ歯が合わなくなってメンテナンスに時間もお金も取られて大変だという話も聞きますから、これも立派な投資かもしれません。

「何でも投資症候群」に注意

ただひとつ注意したいのは、「何でも投資症候群」には陥らないことです。ハイブランドのバッグを買って、「私の満足度がアップしたので、これは投資です！」という人がいますが、これはちょっと違いますね。満足度が上がっても、生産性はアップしません(笑)。仕分けは、自分のルールを決めること。意味づけをしっかりすることが大切です。

同じ項目が３つに分かれることもある

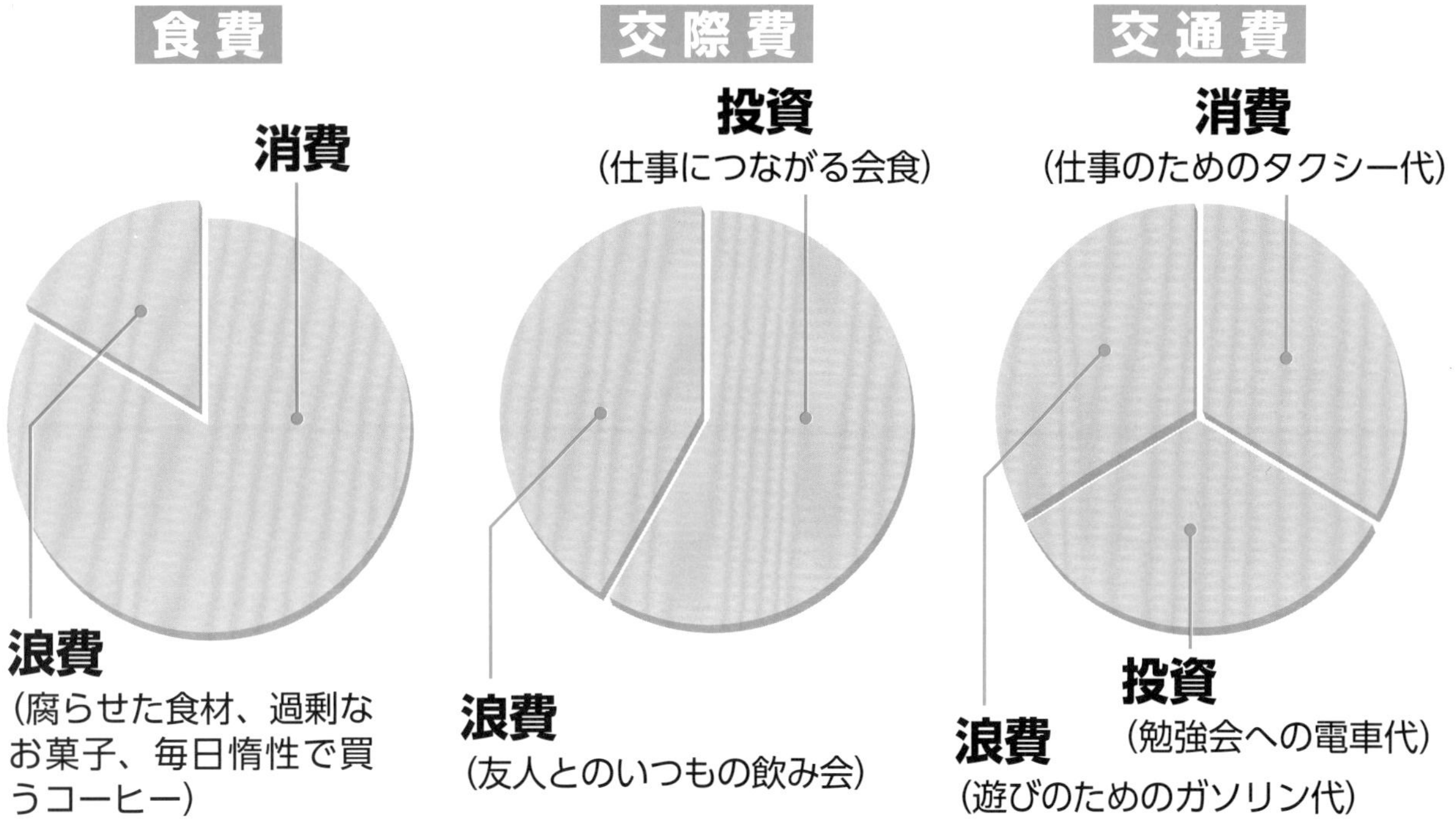

振り返って判断が変われば移動しましょう

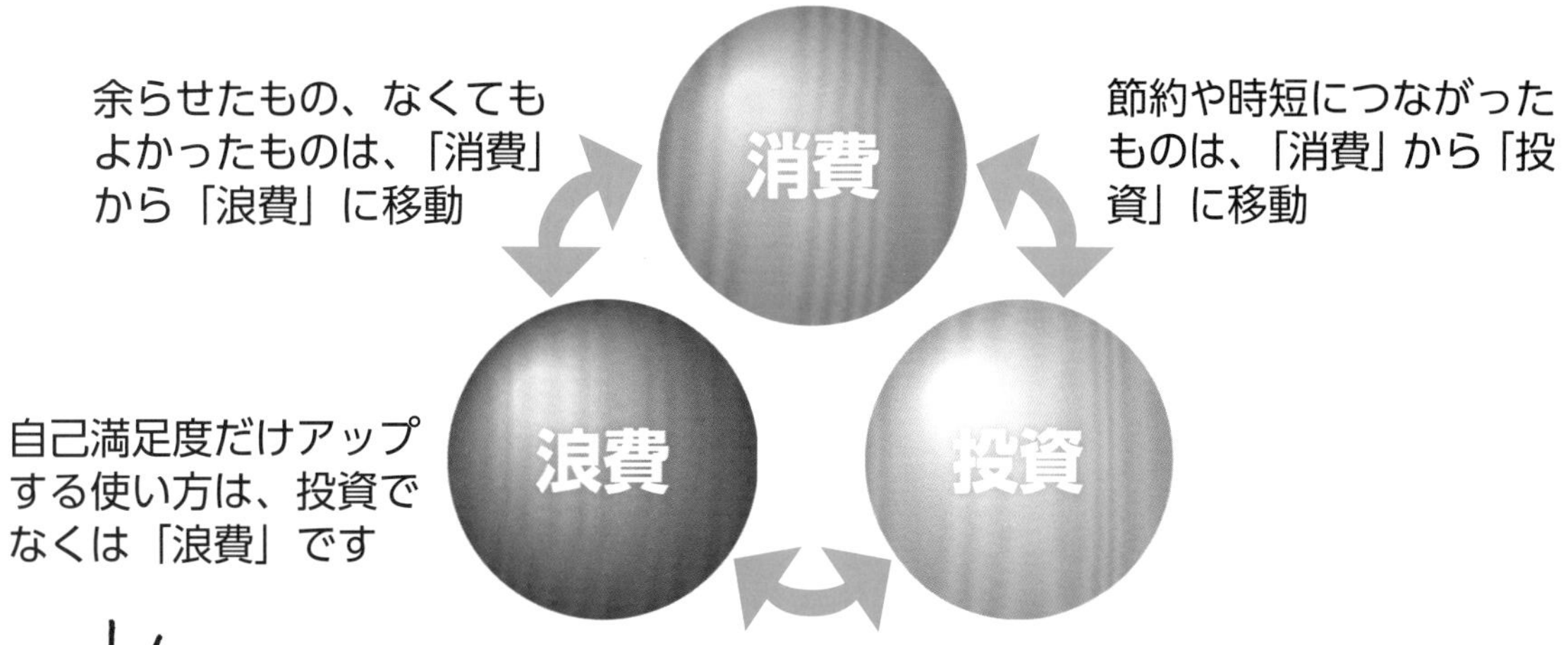

「振り返り」が大切！

- 「消費」か「投資」かの判断に迷ったときは、いったん「消費」と考えて、後で振り返って「投資」に格上げしたり、よく考えたら「浪費」だったと反省して移動しましょう。振り返りを続けるうちに自分なりのルールができあがってきます。

支出を見直す 2

固定費と変動費の見直し

長期の効果も考えたい固定費と、乱れに注意したい変動費

確実に効果が出る固定費

支出には**「固定費」**と**「変動費」**があります。固定費は毎月定額でかかる費用。住居費（住宅ローンもしくは家賃）、携帯電話代、保険料や各種ローンなどです。

変動費は毎月金額が変わるもので、水道、ガス、電気などの水道光熱費や食費などです。

これまでは、「まず固定費の見直しからはじめましょう」といってきました。変動費を抑えるより固定費を見直すほうが効率がいいからです。固定費は毎月決まった金額なので、一度見直すだけで毎月の支出を確実に減らすことができます。

たとえば、固定電話に加入しているものの今はほとんど携帯電話で事が足りているという場合には、固定電話を解約したら、毎月数千円が浮く計算になります。解約のための手続きが若干面倒かもしれませんが、それさえ終えてしまえば毎月の節約には大きく貢献します。

変動費は乱れを放置せず思い当たるものを整える

変動費は、「お菓子が好きだからついつい買ってしまう」とか「洋服が好きなのでやめられない」など、自分の趣味嗜好が大きく反映されているので、**手をつけやすい反面、それを抑えるのがなかなか難しい**ところもあります。ですが、最近は「変動費」に着目していただくようにしています。先にお話ししたように、**変動費の乱れが目立つ**ようになってきたからです。

とはいっても、**変動費すべてが上がっていることはまずありません**。人によって、洋服代だったり、お酒代だったり……自分の好きなところ、気になる項目が増加していることが多いです。

実は**余分にかかっている項目を、たいていの人は自覚しています**。「私は洋服代がけっこうかかっている気がします」という場合、それはだいたい当たっています。おそらく、自分の中でも思い当たる節があるのでしょう。

そこで、自分が気になる項目の金額だけ、**2、3カ月集中してチェックしてみましょう**。洋服をよく買っているという人は被服費、飲み会や外食が多いと感じている人ならば交際費が月にどのくらいか?を重点的に調べましょう。そして、以前に比べてその項目の支出が増えているなと思ったら、自分の定めた基準にまで下げるようにする。まずは弱い項目の支出に着目しながら、少しずつ変動費の乱れを整えていきましょう。

●黒字家計の固定費と変動費の割合

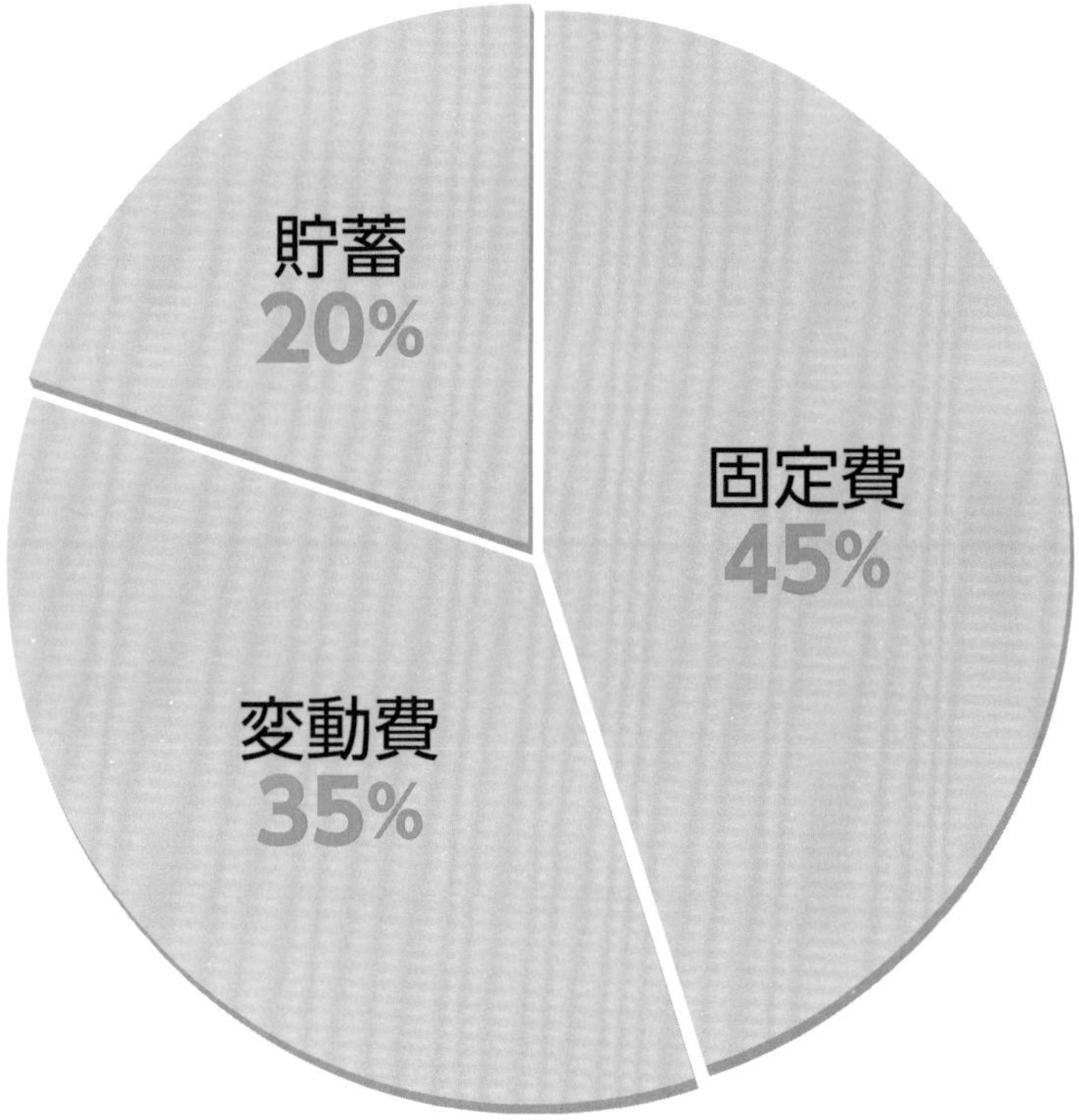

固定費

毎月定額でかかる費用

住居費、保険料、ローン、通信費、教育費など

変動費

毎月金額が変わるもの

食費、水道光熱費、交際費、被服費、日用品費、医療費、娯楽費など

●あなたの固定費と変動費の割合を確認してみましょう

（27ページの表に記入した固定費と変動費が参考になります）

固定費割合		固定費合計		手取り収入
%	＝	円	÷	円
変動費割合		変動費合計		手取り収入
%	＝	円	÷	円

「黒字家計」では

- 上の表は、以前に私が1000軒の家庭を対象に赤字家計と黒字家計を調べたときの、貯蓄ができている黒字家計の固定費と変動費の割合です。理想とお伝えしている貯蓄率16.7%を上回っていました。ひとつの「目安」として参考にしてみてください。

2
支出を見直す

バカにできないケータイ料金

見直しを検討してほしい固定費ナンバーワン

1年、5年、10年で考えてみる

「通信会社は、携帯電話を買ってから一度も変えていない」という方もいるのではないでしょうか。

ＭＭＤ研究所が２０２０年10月に行った「通信サービスの料金と容量に関する実態調査」によれば、大手３大キャリアユーザーが毎月支払っている通信費は８３１２円、一方格安ＳＩＭ利用者は４４２４円だといいます。**ほぼ半額です**ね。つまり、大手キャリアから格安ＳＩＭに変えるだけで、平均で毎月約４０００円、年間にすると４万８０００円の節約になるということです。

今は**どの携帯電話会社で購入したスマートホンでも別の通信会社と契約を結ぶ（SIMカードを使う）ことができます。**ドコモで買ったスマホで格安ＳＩＭを利用することももちろん可能です。私も以前は大手キャリアの通信を利用していましたが、格安ＳＩＭに換えたところ、これまで1万円近くかかっていた携帯電話代が月１０００円台になりました。月８０００円以上の節約です。我が家では７人がスマホを所有していますから、節約効果は単純に考えて7倍です。そして、この違いが、1年、５年、10年と経ったら……。バカにできない額になりますよね。

調べる、人に聞くなど行動を

大手３大キャリアと呼ばれるＮＴＴドコモ、ａｕ、ソフトバンクも「ａｈａｍｏ」「ｐｏｖｏ」「ＬＩＮＥＭＯ」などの格安プランを出しています。また、「サブブランド」と呼ばれる大手キャリアの格安ＳＩＭサービス（ＵＱモバイル、Ｙモバイルなど）や大手キャリアから回線をレンタルして通信サービスを提供している「格安ＳＩＭ（ＭＶＮＯ）」（ｍｉｎｅｏなど）、独自回線で通信サービスを提供している楽天モバイルなど、数多くあります。大手の格安プランはいずれもデータ通信20ＧＢで月３０００円ほどです。格安ＳＩＭでは３ＧＢで月７９２円のプランからあります。もちろん「大手キャリアでないと嫌だ」「実店舗が近所にあったほうが便利」などのこだわりがあるなら別ですが、**乗り換えたほうが家計には断然優しいです。**

携帯電話は今やひとり1台以上の時代。「めんどくさいからこのままで」「なんとなく安そうだから」ではなく、一度自分で調べてみる。もしくは詳しい人に聞いてみるなど、行動することが大事です。

浮いたお金は、別のことに使いませんか？

10年でこんなに差がつく！

月々1000円、3000円、8000円の
ケータイ料金を払い続けると……

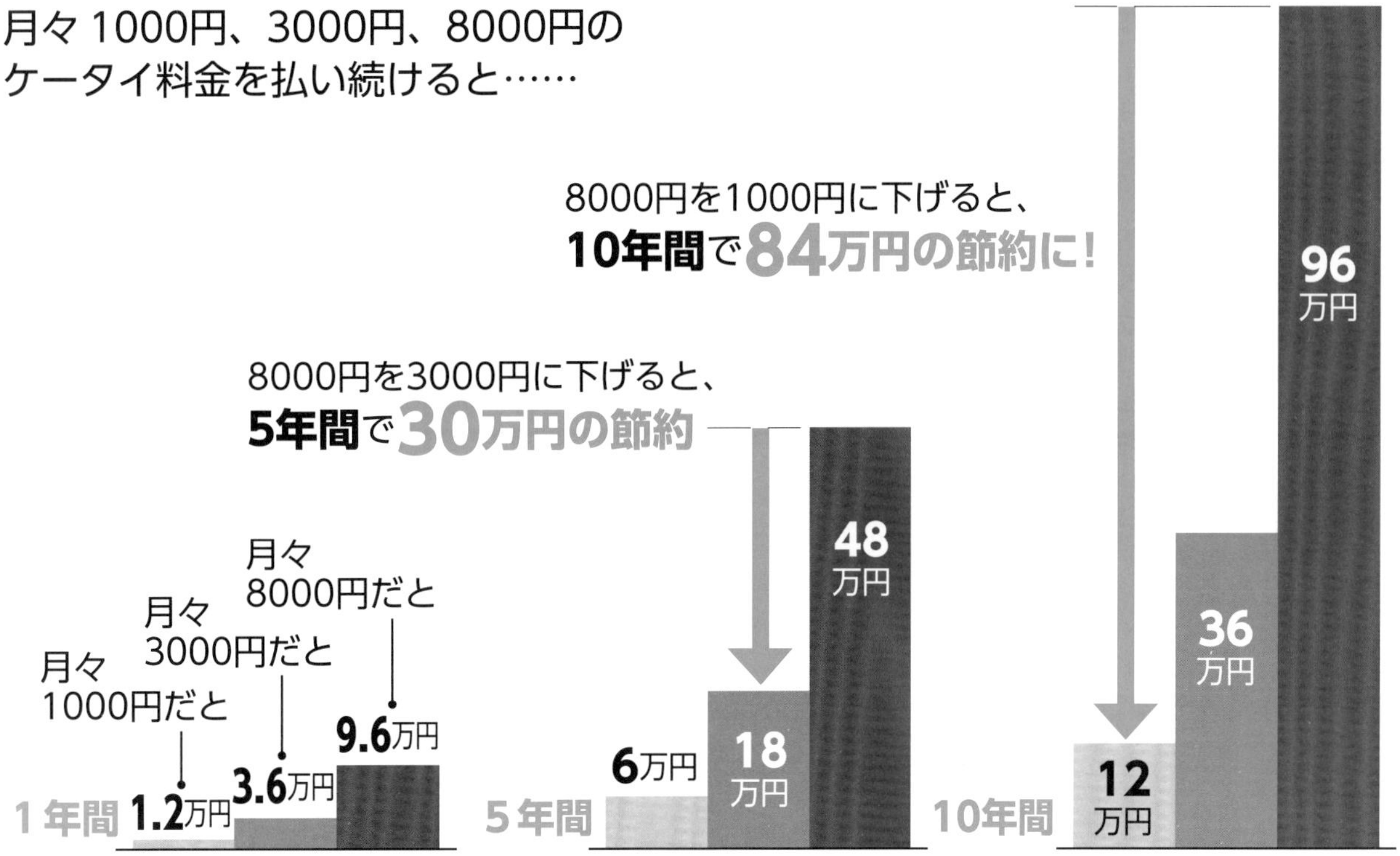

SIMカードと格安SIM

SIMカードとは、回線の契約情報や、加入者の固有番号を記録した小型ICカードです。これを携帯電話に挿入することで、通信が可能になります。

格安SIMとは、SIMカードそのものではなく、一般的には大手３大キャリアに比べて料金が安い携帯電話会社が提供するサービスのことを指しています。

プランの選び方

- 携帯電話のプランを検討するときは、「自分の使い方に合ったプラン」の中から、いちばんお得だと思ったプランを契約するとよいでしょう。通話はどのくらいするか？通話し放題は必要か？データ通信は何GBあれば足りるか？など、該当するプランの中で信頼できると思える通信会社を選びましょう。

2 支出を見直す

住宅ローン――見直しと返済期間

繰り上げ返済で、貯金がない状況はキケン

見直し効果が出やすい人

固定費の大きな項目のひとつに住宅ローンがあります。最近は低い金利で借りている人も多いので、見直してもあまり効果が出ない場合もあります。

住宅ローンを見直して効果が出やすいのは、次のような場合です。

- **1000万円以上の残高がある**
- **支払っている金利と0・5%くらいの差がある**
- **ローンの残存期間が10年以上ある**

この条件に当てはまる方は、一度ローンを見直したほうがいいでしょう。手数料を差し引いても安くなる可能性は大きいからです。

たとえば、全国銀行協会やネット銀行のホームページなどでは、ローンの借り換えシミュレーションができます。現在の借り入れ状況（残高、残りの期間、借入金利など）と借り換え後の条件（借入額、借入期間、金利など）を入力すると、借り換えなかった場合と借り換えた場合の毎月の返済額、年間の返済額や総返済額とその差額などが自動的に計算されます。借り換えて総返済額が少なく済みそうであれば、検討してみましょう。

繰り上げ返済の盲点

ところで、住宅ローンは何歳までに返済すればいいでしょう。理想をいえば、定年前の60歳までです。ただ、70歳以降までローンを組んでいる方もいると思います。**「住宅ローン＝借金」だと重く受け止め、繰り上げ返済に躍起になりすぎて、貯金がなくなってしまうのはキケンです。**何か大きな出費が発生したときに対応できなくなってしまうからです。

ある方はお金が貯まると、すぐ繰り上げ返済にあてていたため、子どもの入学金が払えなくなってしまいました。結局、お子さんは第一志望の私立高校をあきらめて公立高校を選ばざるを得なくなりました。別の方は繰り上げ返済を頑張りすぎて引っ越し費用が出せなくなり、カードに頼らざるを得なくなりました。家のローンは減ったけれど、それによって新たに別の借金が発生してしまったケースです。繰り上げ返済の最低金額は、銀行によって異なります。ただ、少額で返済しても利息の軽減にはほとんどなりません。逆に手数料で損する場合もあります。

住宅ローンは一度払ったら戻りません。もちろん、早め早めに返済することは大事ですが、それより優先すべきは「いざ！」というときに引き出せるお金を最低限ストックしておくことです。

●住宅ローンの借り換えで効果が出やすい人

・1000万円以上の残高がある

・支払っている金利と
0.5%くらいの差がある

・ローンの残存期間が10年以上ある

●繰り上げ返済の２つのタイプ

	返済期間	毎月の返済額	メリットとデメリット
返済額軽減型	そのまま	少なくする	家計がラクになる。貯蓄がない場合は、差額分を貯蓄に回すことで、いざというときのお金がつくれる。返済期間は変わらないので、利息の軽減効果は「期間短縮型」に比べて小さい。
期間短縮型	短くする	そのまま	返済期間（＝利息を払う期間）が短くなるので、トータルの負担軽減の効果が大きくなる。

セットで見直しを！

●住宅ローン見直しの際には、**借り換えて浮いたお金をどうするか**も重要です。いつのまにか生活費に消えていたということがないように、浮いたお金は貯蓄に回すなど、借り換えの目的をしっかり意識してください。**住宅ローンの見直しは、必ず家計の見直しとセットで考えましょう。**

2
支出を見直す

見えないお金「キャッシュレス決済」

便利な反面、管理ができないと「キャッシュレス貧乏」に

キャッシュレス貧乏を防ぐコツ

　最近は、「見えないお金」を使うことが増えました。クレジットカードのほか、Suica（スイカ）、PASMO（パスモ）、イコカなどの交通系ICカードや、PayPay（ペイペイ）、LINEペイなどのスマホ（QRコード）決済など。サインをしなくても、「ピ！」とタッチすれば物が買える時代です。便利ですね。

　一方で、**便利すぎて「お金を使っている」という感覚がなくなる**のもまたたしかです。あとから予想以上に大きな金額の請求がきてびっくり！という思いをした人もいるのではないでしょうか。最近は使えるお店も増えてきたため、はじめのうちは交通費やコンビニでジュースやガムを買うだけに使用していたのが、飲食や洋服など金額の大きいものにも使うことが多くなってきました。**キャッシュレス決済によって支出が増え、家計が赤字になる「キャッシュレス貧乏」も生まれています**。

　一番キケンなのは、どのカードでいくら使ったか？がわからなくなってしまうことです。キャッシュレス貧乏にならないために、まずは**記録を一元管理しておくこと**。いつ、どのカードで、いくら使ったか？を書き留めておきます。お小遣い帳をつけるイメージです。

　大きくは、「現金」か「現金以外」かで分類します。たとえば、現金で3000円支払ったら「－《マイナス》3000」と書いておく。もし現金以外を使用した場合には（－3000）とかっこにくくります。その横にペイペイなら「PP」、LINEペイなら「LP」、スイカなら「Su」など、支払いに使ったカードがわかるよう、記号を書いておきましょう。

使わないという選択肢も

　たしかに、キャッシュレス決済は楽ですし、コロナ禍では余計な接触を避けられるという意味でも推奨されてきました。「使うと20％還元！」などのキャンペーンも数多く行われ、現金払いよりお得な気がします。ですが、キャンペーンは主に新規顧客の獲得が目的です。一度契約した人には「釣った魚にエサはやらない」のことわざのようにさほどメリットがないことも多いです。なので、加入してもお得を感じなくなったら解約するくらいに考えましょう。消費者側もうまく利用すればいいのです。

　「管理に自信がない」ならいっそ使わないのもありですし、管理しやすいように使用するものを絞ってもいいでしょう。

主なキャッシュレス手段

現金を直接やり取りしないことが特徴

クレジットカード（後払い式）

商品やサービスを受け取った後から支払い請求がくる、後払い式の決済手段。代金の請求は一括で支払う、分割、ボーナス払いなどがある。

デビットカード（即時払い式）

決済と同時に銀行口座から金額が引き落とされる即時払いの決済手段。VISA、JCBなどブランドのついたものもあり、加盟店で使える。

電子マネー／プリペイドカード（前払い式）

カードやスマートフォンに事前に入金（チャージ）しておき、商品やサービスの購入時にチャージ額から支払う、前払い式の決済手段。一部、後払い式がある。

スマートフォン決済（QRコードなど）

スマートフォンにクレジットカード、電子マネー、銀行口座などを登録し支払う決済手段。登録したものにより、後払い、即時払い、前払いとなる。

キャッシュレスの支払い方法

前払い（プリペイド）	カードやスマートフォンに事前に入金（チャージ）。店の機械で読み取って支払う。	交通系の電子マネー、プリペイドカードなど
即時払い（デビット）	店の機械でカードを読み取り、自分の銀行口座から即時に支払う。	デビットカードなど
後払い（ポストペイ）	店の代金はカード会社が立て替え、買い物の分だけ、後からカード会社に支払う。	クレジットカード、一部の電子マネーやスマートフォン決済など

（経済産業省「キャッシュレス決済の"いろは"」「一般消費者向けガイド」をもとに作成）

後払いの注意！

- クレジットカードや電子マネーとスマートフォン決済で後払い（ポストペイ）のものは、商品やサービスの購入時にはカード会社が代金を立て替えています。なので、**カード会社への支払いが終わるまでは「借金」**だという認識を持ってください。

保険と医療費――保険50％の考え方

保障を欲張りすぎず、貯金と合わせて考える

自分にはなぜ保険が必要か？

保険は医療保険、学資保険など、実にさまざまな種類の商品が出ています。保険に入るべきか？　自分にはどの保険が必要か？を考える前に、「なぜ保険が必要か？」を考えてほしいと思います。

医療費も教育費もイレギュラーではあるけれど使う可能性が高いものなのはたしかですし、金額も大きいです。特に医療費は年齢を重ねるにつれて金額が上がる傾向にあることもまたたしかです。老後に医療費が年間１００万円かかり、それが家計に響いているという声もよく聞きます。

「引受基準緩和型」の保険への加入は慎重に

ただ、加入しすぎる必要はありません。**医療保険に関していえば１００％頼ることはしなくていい**、と私は思っています。というのも、いざというときにすべて保険でまかなおうとすると、その分毎月の保険料も高くなるからです。

日額1万円など条件のいい医療保険やかかった医療費を１００％取り戻すための保険に加入するとなると、月の保険料はかなり高いものにつきます。

「持病のある人でも入れます」という保険は特に要注意です。この「引受基準緩和型」の医療保険は、一日５０００円の給付なのに50歳でも月４０００円から内容によっては８０００円近くかかります。もしかすると、その分を貯金したほうがいいかもしれません。

保険料を抑えて貯金に回す

高い保険料を払って家計が回らなくなったり、貯金ができなくなったりしてはもったいないです。**保険は医療費の半分補えればいい**と考えましょう。保障が半分になる分、毎月の保険料も半分になります。残り半分を貯金に回すほうが、お金を有効に使えます。

日本の医療保険制度は外国に比べるとかなり手厚いです。「高額療養費制度」というものもありますし、会社員なら「傷病手当金」が出る場合も多いです。それらを頼ることを前提に、保険を「お守り」程度に考えてもいいかもしれません。

本来なら、保険はお世話にならずに済むに越したことはありません。それは当たらないことを望む逆宝くじのようなもの。長期入院などすれば、これまで払った保険料の元は取れるかもしれませんが、かなりの代償を伴います。保険の保障は欲張りすぎないことです。

人口一人当たりの年齢階級別国民医療費（患者等負担分を含む）

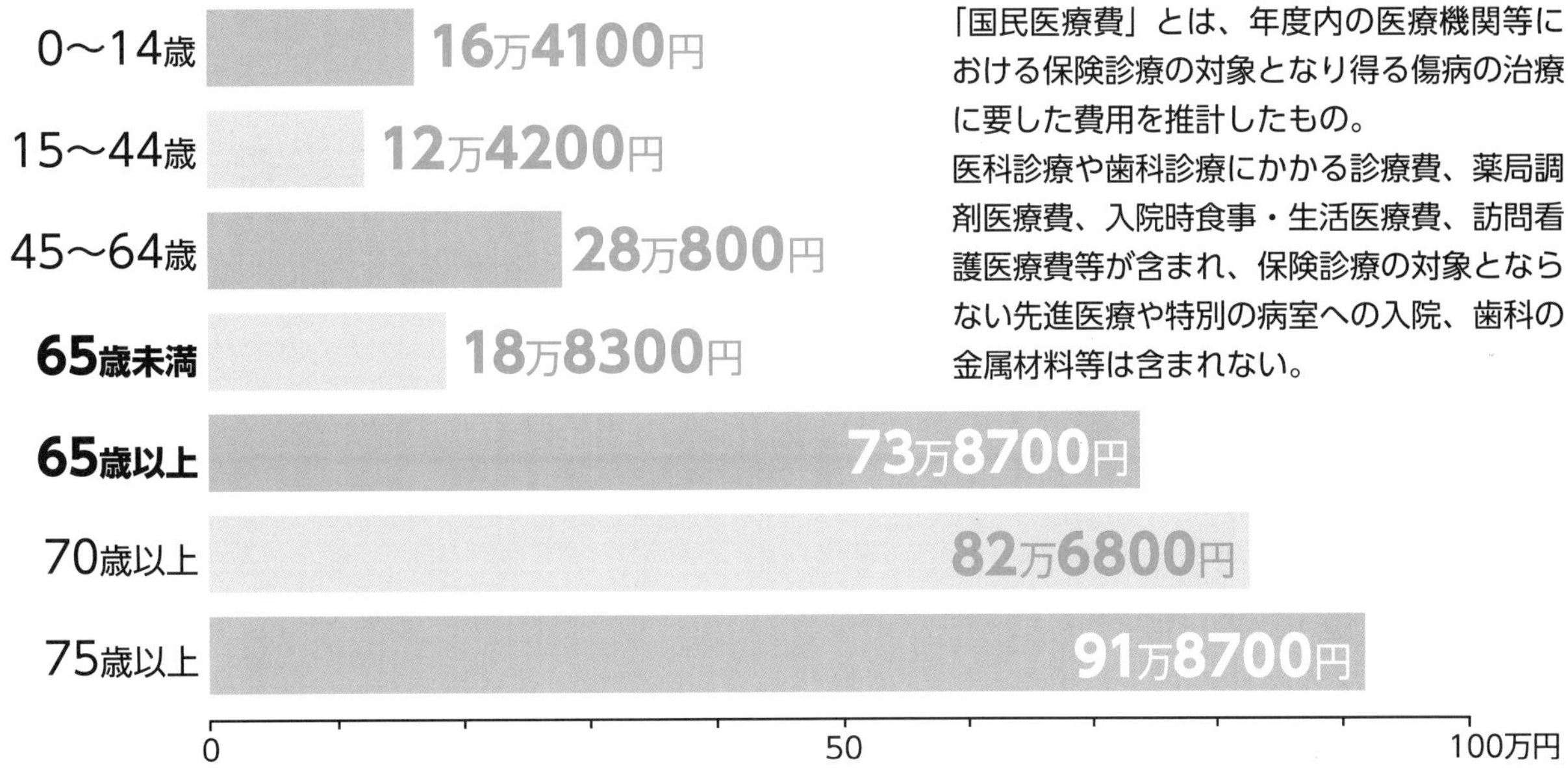

「国民医療費」とは、年度内の医療機関等における保険診療の対象となり得る傷病の治療に要した費用を推計したもの。
医科診療や歯科診療にかかる診療費、薬局調剤医療費、入院時食事・生活医療費、訪問看護医療費等が含まれ、保険診療の対象とならない先進医療や特別の病室への入院、歯科の金属材料等は含まれない。

（厚生労働省「平成30年度 国民医療費の概況」より）

「高額療養費制度」とは？

家計に対する医療費の自己負担が過重なものにならないよう、医療費の自己負担に一定の歯止めを設ける仕組みです。月初から月末までの１カ月の自己負担分が一定の額を超えた場合、超えた分の金額が還元されます。

自己負担の上限額は所得や年齢（70歳未満と70歳以上）によって異なります。

たとえば70歳未満で年収約370万円未満の方なら自己負担上限額（世帯ごと）は１カ月５万7600円。これを超えた医療費は、申請すれば戻ってきます。住民税非課税世帯では、上限額はさらに低くなります。また世帯合算や多数回該当など負担をさらに軽減する仕組みもあります。

ただし、この制度が適用されるのは、あくまで健康保険の対象となる診療に対してです。自由診療や保険外の治療、差額ベッド代、食事代などは対象外です。

健康＝節約です

- 年齢とともに増える医療費。65 歳以上の夫婦のみの無職世帯での保健医療は、ひと月の消費支出の[*1]7.2%、単身世帯でも 6.2% を占めています。自分の身体のことなので節約するわけにはいきません。今から健康に気をつけることで、**将来の医療費を抑えることは可能**です。

＊１……「家計調査報告書（家計収支編）令和２年」。

2 支出を見直す

教育費――親が全額払わなくていい

子どもの学費が親の老後を脅かすケースが増えています

自分の老後もあわせて考える

日本では、大学まで親がしっかりと面倒を見るのが当たり前といった風潮がありますね。でも、親が大学の費用を全額負担する必要はないと私は思っています。

欧米では、高校を卒業させたら親の役目は終わりです。子どもが大学に行きたいと考えたら、自分で奨学金を受けるなどして自力で行けばいい、という考えがあります。**「大学は親に行かせてもらうのではなく、自分で行くものだ」**という認識です。

文部科学省の「国公私立大学の授業料等の推移」「平成30年度私立大学入学者に係る初年度学生納付金平均額」によれば、国立大学の学費は入学料と授業料で約82万円。公立大学は入学料と授業料で約93万円、私立文系は入学料と授業料と施設設備費で約１１７万円、私立理系は入学料と授業料と施設設備費で約１５４万円、私立医歯系は入学料と授業料と施設設備費で約４８２万円となっています。４年間で考えると、一番安い国立大学でも約２４３万円かかります。私立理系では約５４２万円です。

もちろん、自分の老後資金に余裕があるなら全額支払ってあげるのもいいですが、現実にはそこまでの余裕がない家庭のほうが多いです。

自分たちの老後を脅《おびや》かしてまで支払ってあげる必要はないと私は思います。親として「子どもの学費くらいは出してあげたい」という気持ちがあるのはわかります。けれど、**学費を支払うことによって、「自分たちの将来はどうなるのか?」というところまでしっかり考えてほしい**と思うのです。

子どもが学費の一部を支払うメリット

我が家では、入学前に子どもと「学費をどこまで出せるか?」を話し合い、子ども3、4割、残りを親が支払うという取り決めをしました。娘は授業に支障がない程度にアルバイトをし、貯められたお金をできる範囲で払う約束です。多少なりとも自分で学費をおさめている意識は、勉強の意欲にもつながるように思います。子どもも「自分で払っているのだから、元を取るべくしっかり授業を受けよう」という気になったようです。

これまで学費は親が全額出すか、全部奨学金に頼るか?の二択だったかもしれません。ですが、これからは親と子どもで半分ずつ出すという「合わせ技」も選択肢のひとつに加えてください。

国立・公立・私立大学の初年度納付金

	入学料	授業料	施設設備費	計
国立大学	28万2000円 ※国が示す標準額	53万5800円 ※国が示す標準額	—	81万7800円
公立大学	39万2391円 ※地域外からの入学者平均	53万8734円	—	93万1125円
私立文系	22万9997円	78万5581円	15万1344円	116万6922円
私立理系	25万4309円	110万5616円	18万5038円	154万4963円
私立医歯系	107万3083円	286万7802円	88万1509円	482万2394円

（文部科学省「国公私立大学の授業料等の推移」および
「平成30年度私立大学入学者に係る初年度学生納付金平均額（定員1人当たり）」をもとに作成）

幼稚園・小学校・中学校・高等学校の学習費総額

	公立（年間）	私立（年間）
幼稚園	22万3647円	52万7916円
小学校	32万1281円	159万8691円
中学校	48万8397円	140万6433円
高等学校（全日制）	45万7380円	96万9911円

（文部科学省「平成30年度子供の学習費調査」をもとに作成）

高校の学費無償化

- 高等学校の授業料を国が一部負担する**「高等学校等就学支援金」**制度。国公立、私立を問わず、世帯収入やその他の条件を満たせば学費が支援されます。また都内在住の保護者と生徒に対しては、公益財団法人東京都私学財団による**「私立高等学校等授業料軽減助成金」**もあり、国の制度とも併用できるので、一度確認してみてください。

2 支出を見直す

老後の収入──年金はいつからもらう?

「繰り上げ」「繰り下げ」は、損得でなく健康と経済状況、生き方で決める

公的年金は2階建て

ここからは、収入について考えましょう。老後の生活でメインの収入となるのは、やはり公的年金です。自分が将来いくら年金をもらえるか?は、毎年誕生日ごろにはがきで送られてくる「ねんきん定期便」[*1]やインターネットの「ねんきんネット」をチェックしましょう。

「公的年金は2階建て」といわれるように、1階部分の「国民年金(基礎年金)」と、会社員などが受け取れる2階部分の「厚生年金」があります。

支給額は、保険料の納付期間や厚生年金の有無などによって大きく変わってきますが、たとえば現在50代で夫婦共にずっと会社員だった場合には、ふたり合わせれば月28万円くらいの支給が見込める場合もあります。

最大84%増も可能

問題は、いつから年金をもらうか?です。年金には、「繰り上げ」と「繰り下げ」の制度があります。現在は原則65歳[*2]から受給できますが、繰り上げて60歳から受け取ることもできますし、逆に70歳まで繰り下げて受け取ることも可能です。2022年4月からは年金制度が一部改正され、最長で75歳まで繰り下げることができるようになりました。

支給額はどのくらい変わるでしょう。65歳から支給開始を基準に考えると、**60歳から受給すると24%減、70歳で42%増、75歳で84%増**です(2022年4月以降の場合)。

早いうちから長くもらうのがいいのか、受給を遅くして大きな金額をもらうのがいいのか。自分が何歳まで生きるのか?にかかっているわけですが、こればかりは誰にもわかりませんよね。

制度改正後で考えた場合、**60歳から受給し81歳より長く生きると損**する計算になります。一方、**70歳から受給すると82歳以上生きると得、75歳からだと87歳以上生きると得**する計算になります。繰り下げ受給の場合、**年金を受給開始から12年以上生きると得**ということです。とはいっても、人生は「得か損か」だけでは測れません。自分の経済状況と健康状況、それから、これが特に大きいのですが、「どういう生き方をしたいか?」を軸に考えることも大切です。私のおすすめは、**年金は収入の「ベース」のひとつ**としてとらえ、働いて月5万円でも収入を得ることです。さらに、iDeCoや積立投信などがあれば、老後も安心して暮らしていけるはずです。

*1……35歳、45歳、59歳の節目の年齢には封書になります。
*2……昭和36年4月2日以降に生まれた男性、昭和41年4月2日以降に生まれた女性の場合。

●公的年金は２階建て

老齢
厚生年金

← ２階部分は、会社員と公務員がもらえる

国民年金（老齢基礎年金）

← １階部分は、65歳から全員もらえる

第１号被保険者	第２号被保険者	第３号被保険者
自営業、フリーランス、学生など	会社員、公務員など	専業主婦（夫）など第２号被保険者の被扶養配偶者

国民年金（老齢基礎年金）

日本国内に住む20歳以上60歳未満の人に加入が義務づけられている「国民年金」に10年以上保険料を納めていると、原則65歳から受給できる。

20歳から60歳になるまでの40年間（480カ月）の全期間保険料を納めた場合の受給額は年78万900円（令和3年4月分から）。
※保険料の納付済期間と免除期間などを合わせて10年でも可。

老齢厚生年金

会社員・公務員が「厚生年金保険」に加入し、1カ月以上保険料を納めていていると、原則65歳から国民年金（老齢基礎年金）に上乗せされるかたちで受給できる。

保険料の納付額や納付期間によって、受給額が変わる。

上記以外の年金

●「国民年金」と「老齢厚生年金」のほかに、任意で年金を上乗せすることができます。「企業年金」「国民年金基金」「厚生年金基金」「年金払い退職給付」「確定拠出年金」などです。確定拠出型年金には企業型と個人型があり、個人型が 76 ページの「iDeCo」です。

2 支出を見直す

「ねんきん定期便」を確認しよう

「ねんきんネット」なら24時間、年金見込み額まで確認できる

「ねんきん定期便」は アクセスキーにも注目

あなたは将来年金をいくらもらえるでしょう？　それを知るには、毎年自分の誕生月に日本年金機構から送られてくる「ねんきん定期便」を確認しましょう。パソコンやスマホからは「ねんきんネット」で見られます。ねんきんネットなら、自分の年金記録だけでなく、将来いくらもらえるか、年金見込み額まで確認することができます。

ねんきんネットの使用には登録が必要になります。ねんきん定期便に記載されている17桁のアクセスキーを使うと簡単です。ただし、アクセスキーには有効期限（ねんきん定期便の到着から3カ月以内）があるので、注意してください。アクセスキーは、最寄りの年金事務所で発行してもらうこともできます。

アクセスキーを使わずに登録する場合は、基礎年金番号の入力が必要になります。基礎年金番号は、ねんきん定期便や年金手帳で確認できます。

ねんきんネットでは、電子版「ねんきん定期便」の確認や、年金の支払いに関する通知書の確認、源泉徴収票・社会保険料控除証明書などの再交付申請もできるので、登録しておくと便利です。

「ねんきん定期便」は 49歳まで加入実績での年金額

ねんきん定期便は、20歳から49歳までと50歳以上とで内容が変わります。

49歳までは、これまでの支払ってきた年金保険料の合計金額と、これまでの年[*1]金加入期間（原則10年以上の加入がないと老齢基礎年金は受け取れない）、加入実績に応じた年金額が記載されます。今後の収入や加入期間によって受給できる年金額が変わる可能性があるからです。

50歳からは 将来受け取る見込み年金額

50歳以上では、これまでの年金加入期間は同じですが、将来受け取る老齢基礎年金と老齢厚生年金の合計金額や[*2]特別支給の老齢厚生年金の金額などが記載されます。

60歳未満の場合は、今の年金加入制度に60歳まで加入した場合、65歳から受け取れる年金額が表示されます。

「ねんきん定期便」と「ねんきんネット」については、専用ダイヤルでも問い合わせができます。

自分がもらえる年金額は今からきちんと把握しておきましょう。

＊1……60歳の時点で加入期間が足りない人や、満額受給の期間（480カ月）に達していない人は、60歳以降も国民年金に任意加入ができる場合があります。

＊2……昭和60年の法律改正により、厚生年金保険の受給開始年齢が60歳から65歳に引き上げられました。受給開始年齢を段階的に、スムーズに引き上げるために設けられたのが「特別支給の老齢厚生年金」の制度です。

50歳未満の方のねんきん定期便（令和3年度）

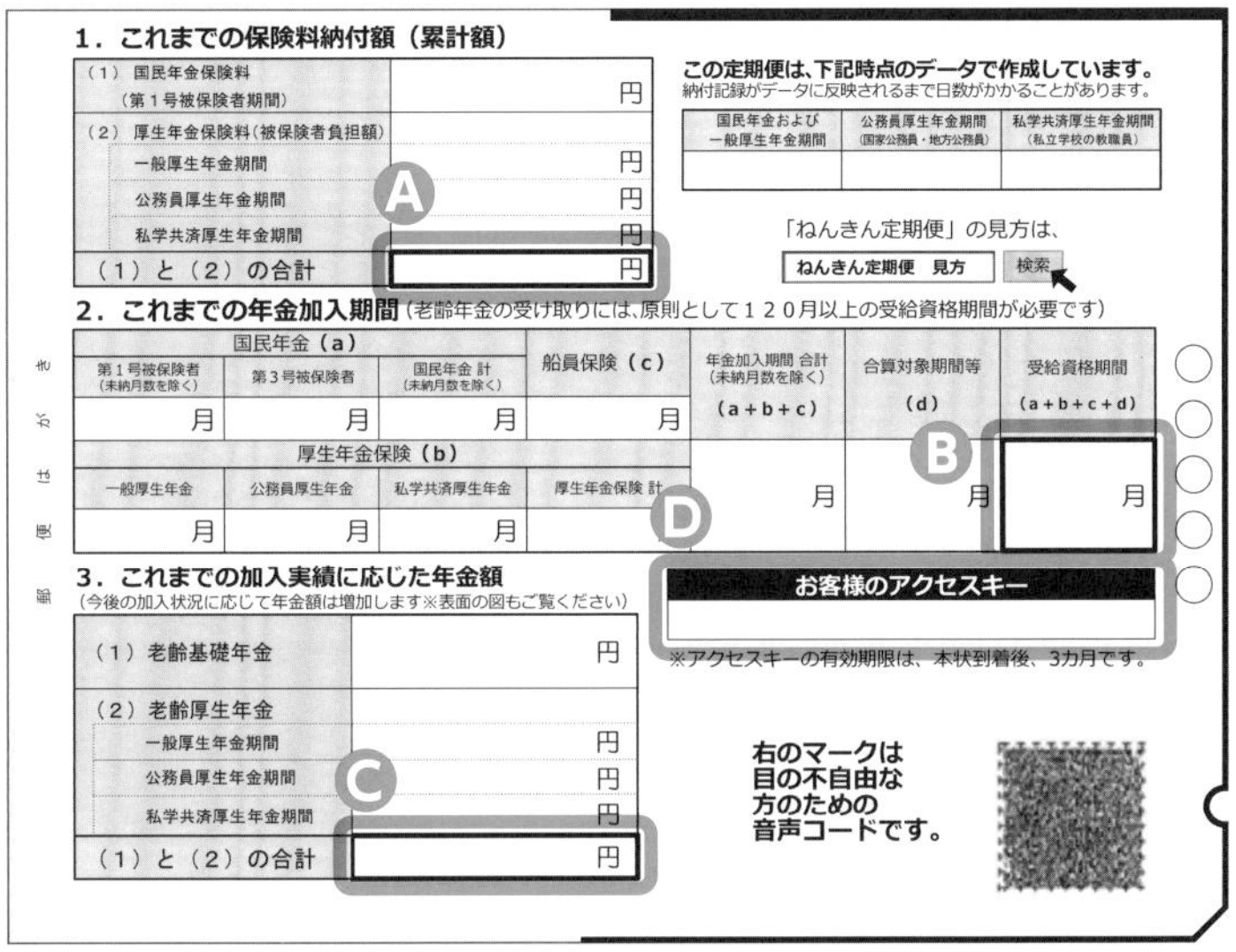

Ⓐこれまでの保険料納付額（累計額）

Ⓑこれまでの年金加入期間

保険料の納付期間と免除期間などの合計が10年（120カ月）以上必要。

Ⓒこれまでの加入実績に応じた年金額

これまで支払った累計額に基づいて計算された年金額。今後支払う保険料は考慮されていない。

Ⓓアクセスキー

「ねんきんネット」の登録時に利用。

50歳以上の方のねんきん定期便（令和3年度）

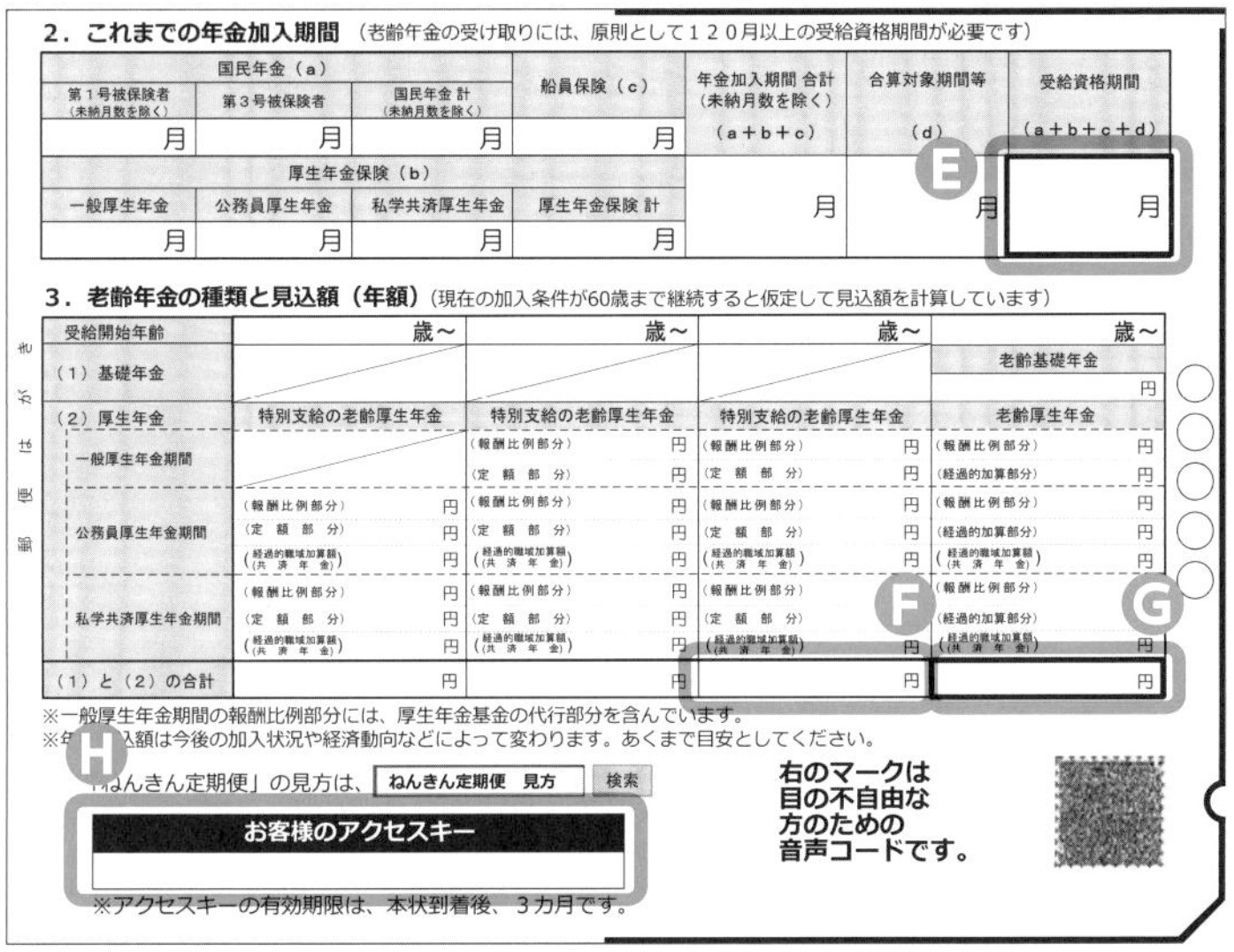

Ⓔこれまでの年金加入期間

保険料の納付期間と免除期間などの合計が10年（120カ月）以上必要。

Ⓕ特別支給の老齢厚生年金の額（該当者のみ）

Ⓖ老齢基礎年金と老齢厚生年金の合計額

今の収入で60歳まで働いた場合に65歳から受け取れる見込み年金額。

Ⓗアクセスキー

「ねんきんネット」の登録時に利用。

ねんきん定期便・ねんきんネット専用ダイヤル

0570-058-555（ナビダイヤル ※通話料は発信者負担**）**

050で始まる電話からの場合は**（東京）03-6700-1144（一般電話）**

月曜日	：午前8時30分～午後7時
火～金曜日	：午前8時30分～午後5時15分
第2土曜日	：午前9時30分～午後4時

※月曜日が祝日の場合は、翌日以降の開所日初日の午後7時まで。

※祝日（第2土曜日を除く）、12月29日～1月3日は休み。

2 支出を見直す

貯蓄――老後のもうひとつの柱を確認する

貯蓄と負債を棚卸しして「見える化」する

貯金以外も定期的に棚卸しする

年金とともに老後の生活費のもうひとつの柱となるのが「貯蓄」です。先にもお話ししましたが、**年金だけでは生活費をカバーしきれません。それを補ってくれるのが「貯蓄」**。そう考えると、貯蓄は必須ですよね。

「自分の家計がプラスかマイナスかを確認するために貯金通帳を見てみましょう」と先にいいましたが、貯蓄も調べてみましょう。

貯蓄は、現金を貯める「貯金」だけではなく、投資信託、株、国債、外貨預金、金《きん》、仮想通貨、保険なども含みます。**すべてを一覧にして棚卸ししてみましょう。**

エクセルに、A銀行、B銀行、C証券、D証券、E保険……と自分のお金を預けている金融機関名と金額を書き出して表にします。そして、一定期間ごとにその金額を書き出していきます。年1回、半年に1回、月1回でも自分の負担にならないように行うのが一番です。私は月1回見直していますが、慣れてくると1時間もあれば余裕で終わりますし、家計管理の成果を確認できるので、今では楽しい作業になっています。

評価額が変わるものは その時の金額で

投資信託や株、国債、外貨預金など、**評価額が変動するものについては、記入する日の金額を書きます**。貯蓄性のある保険は、今までの支払総額です。

また、プラスの財産だけでなく、住宅ローンや車のローン、カードローン、奨学金などの負債についても、忘れず記入しましょう。

家計簿アプリでは一元管理も可能

エクセルで表をつくる代わりに、**インターネットの家計簿アプリを利用するのもいいでしょう**。自動計算してくれるものもあり、非常に便利です。たとえば、ＭｏｎｅｙｔｒｅｅやＺａｉｍというアプリでは、登録した金融機関の残高やクレジットカードの支払金額のほか、ポイントカードのポイント数も一元管理してくれます。

セキュリティが気になるという方もいらっしゃると思いますが、「ワンタイムパスワード」を設定できたり、顔認証が使えたりするなど、かなり強固ではあります。不安な方はご自身でエクセルに打ち込む、もしくは紙に手書きをするのでもいいでしょう。

貯蓄を確認

金融機関	内容（預貯金、外貨、投資信託、株、金、国債、保険など）	金額（円）
A銀行	普通預金	450,000
合計		

負債を確認

内容	借入先	金額（円）
住宅ローン		
自動車ローン		
奨学金		
その他		
合計		

貯蓄合計－負債合計＝貯蓄残高　　　　円

銀行口座の絞り込みを！

● 貯蓄の棚卸しをしてみて、銀行口座が多い場合は注意してください。口座が多いとお金が行方不明になってしまうことがあるからです。使っていない口座は、56ページで説明する口座の役割に合わせて、この機会にスッキリさせましょう。

2 支出を見直す

一生涯に必要なお金を見てみよう

キャッシュフロー表でこれからの生活とお金をイメージする

無料ツールでシミュレートする

では、いよいよあなたの一生に必要なお金をシミュレートしてみましょう。

最近は、ネットに便利なアプリがたくさんあります。たとえば、NPO法人日本FP協会のホームページでは、ライフイベント表や家計のキャッシュフロー表を無料でダウンロードできます。

キャッシュフロー表は、将来の家計の収支を予測するものです。家族の年齢、収入や生活費、車両費、教育費、保険料などの支出、それから学校入学など想定されるライフイベントと、そのためにかかる費用などを書き込んでいきます。たとえば、お子さんが学校に上がる時期は入学金や授業料などの出費があるでしょう。そのほか数年ごとに車を買い替えたり、家のリフォームをしたりする場合にはまとまったお金が必要になります。

日本FP協会のエクセル版では、打ち込んだ収入と支出は自動計算され、その差額は前年の残高と合わせて「貯蓄残高」として計算されます。インフレ率や運用利率などは考えられていませんが、大まかなお金の流れを見るには十分です。もし積立投信などの運用を行う方であれば、元の表をコピーアンドペーストし、さらに20年分くらい追加すると老後の貯蓄額が一目でわかるので便利です。

アプリやエクセルを使うのが苦手という方は、自動計算はできませんがPDF版をプリントアウトして自分で表に書き入れてみましょう。

こうすると、何年後に大きなお金が動くかは一目瞭然です。自分や家族の年齢もすぐにわかるので、イメージしやすいのではないでしょうか。

プロを上手に利用する

別に宣伝ではありませんが、この時点で一度ファイナンシャルプランナーなどに相談するのもひとつの手です。自分では見えにくい部分もあり、一方プロだからこそ見える視点があるからです。まずは自分でやってみる。それをもとに改善策、最善の策はあるか?を聞き出し、利用していただくのが賢い使い方です。

お金とのつき合いはこの先何十年も続くので、この段階でプロの力を借りて正しい方向を見定めておくと安心です。

ちなみに、プロといっても銀行や金融機関に相談するのはあまりおすすめしません。手数料の高い外貨預金や保険、買う側にメリットの少ない投資商品などをすすめられる可能性が高いからです。

キャッシュフロー表を作成してみましょう

年												
経過年数	現在	1年後	2年後									
(あなた)の年齢												
(　　)の年齢												
(　　)の年齢												
(　　)の年齢												
(　　)の年齢												
ライフイベント												
(あなた)の収入												
(　　)の収入												
一時的な収入												
収入合計(A)												
基本生活費												
住居関連費												
車両費												
教育費												
保険料												
その他の支出												
一時的な支出												
支出合計(B)												
年間収支(A-B)												
貯蓄残高												

※本来、キャッシュフロー表を作成するときは物価上昇や運用利回りを考慮した金額を記入しますが、ここでは記入しやすいように変動率をゼロとしています。

(NPO法人 日本FP協会 HPより)

とにかく「見える化」

- 「ライフイベント」には、定年や子どもの卒業のほかに、車の買い替えやローン完済など、お金が大きく動くイベントも書き入れます。イベント費用は「一時的な支出」に記入します。
- 前年の「貯蓄残高」に今年の「年間収支（A－B)」を足したものが、今年の「貯蓄残高」になります。

貯金ではなく「貯蓄」しよう

「お金を貯める」というと「銀行や郵便局に預ける」というイメージが強いかもしれません。いわゆる「預貯金」です。ですが、これからは**「貯蓄」**を考えましょう。

「貯金」と「貯蓄」、似ているようで違います。

貯金は「現金を貯める」ことです。現金は紙幣や硬貨だけではなく、銀行の普通預金や定期預金、郵便局の通常貯金や定期貯金、あとは会社の社内預金（財形貯蓄）なども含まれます。望んだらすぐに手に入るお金。ATMでカードを差し込み、操作をすればすぐに引き出すことのできるものです。「生活防衛資金」としてのお金の意味合いが強いです。

貯蓄は「資産全体」のことをいいます。貯金のほかに投資信託（iDeCoやNISAも含む）や株、国債、保険、金《きん》、ビットコイン、外貨預金などすべてひっくるめた金融資産です。

たまに、投資信託をはじめた方が、「全然貯金が増えないんです！」と心配そうにおっしゃいますが、それは積立投信で毎月お金の場所が移動しているからです。貯金は減っているように見えるかもしれませんが、貯蓄は間違いなく増えています。

「貯蓄がすべて貯金」はおすすめしませんし、現金を持っているからといって「お金持ち」という時代は終わりました。

たとえば、AさんとBさん、どちらも貯蓄は300万円あります。Aさんは全額現金、Bさんはそのうち半分を投資信託で運用しています。現在はどちらも300万円を持っている人ですが、5年後、10年後にはAさんとBさんの貯蓄額には大きな差が出るはずです。

「現金一択主義」は卒業し、**「（現金で）いくら持っている」**ではなく、**「いくら運用しているか？」**を考えるようにしましょう。「毎月5万円を貯金しています」より「毎月5万円残し、そのうち3万円を投資信託に入れています」のほうが未来を考えた貯め方だと思うのです。

第3部 貯める・増やす

貯める極意は3つの口座から

「使うお金」は1・5カ月分

「貯めるお金」は最低6カ月分

「増やすお金」は投資で運用する

「投資信託」の仕組みを知ろう

投資のもうひとつの効果

投資は恐れるより、少額で慣れる

時間を味方につければ99％負けなし

分散でリスク回避

NISAとiDeCo——①NISA

NISAとiDeCo——②iDeCo

口座開設から商品選びまで！

3 貯める・増やす

貯める極意は3つの口座から

「使うお金」「貯めるお金」「増やすお金」をしっかり分ける

ここまでは、毎月の支出や将来見込める収入などを見てきました。収入から支出を引くことで、毎月貯められる金額も具体的に見えてきたのではないでしょうか。ここからは、お金を貯める・増やす方法をご紹介します。

目的が違う3つのお金

お金は目的に応じて、３つに区別することができます。「使うお金」「貯めるお金」「増やすお金」です。

「使うお金」は、生きていくうえで必要なものを買うためのお金。いわゆる「生活費」といわれるもので、食費、住居費、携帯電話代などを指します。

「貯めるお金」は、「生活防衛資金」ともいい換えられます。基本的に貯めておきますが、イレギュラーに必要となるまとまった支出に使います。教育費など３年ほどで必要となるお金は生活防衛資金とは別枠で貯めます。

「増やすお金」は、しばらく使わないお金で、文字通り運用し、老後などの将来に備えます。具体的には投資信託などでお金自身に働いてもらい、どんどん増えていってもらいます。

3つの口座の金融機関の選び方

これら３つのお金に合わせて、口座も３つに分けます。これらはできれば**違う金融機関、もしくは口座がいいでしょう。**

「使うお金」と「貯めるお金」は、普通預金や定期預金など、すぐ現金化できるところに預けておきます。特に「使うお金」は、よく使用しますから店舗やＡＴＭが自分の家や会社に近いなど、使い勝手のよさや利便性を重視しましょう。

「貯めるお金」は、３番目の「増やすお金」との連携のよさを考えたほうがいいでしょう。貯金しながら、余剰分を「増やすお金」に回すからです。「貯めるお金」の預け先はネット証券との連携が取りやすいネット銀行がおすすめです。

基本的に**「貯めるお金」は使わないことが前提なので、**少しでも利率が高いほうがいいですよね。現在、実店舗を持つ銀行の普通預金の利率は[*1]０・００１％ですが、ネット銀行では一定の条件を満たしていると利率が０・１％以上になるところもあります。実に１００倍！の差です。この点もおすすめできるポイントでしょう。

「増やすお金」は、必然的に証券会社になります。銀行に預けてもお金は増えないからです。私は手数料の安さなどから、ネット証券をおすすめしています。

＊１……税引き前の年利。

お金は目的別に3つに分けて考える

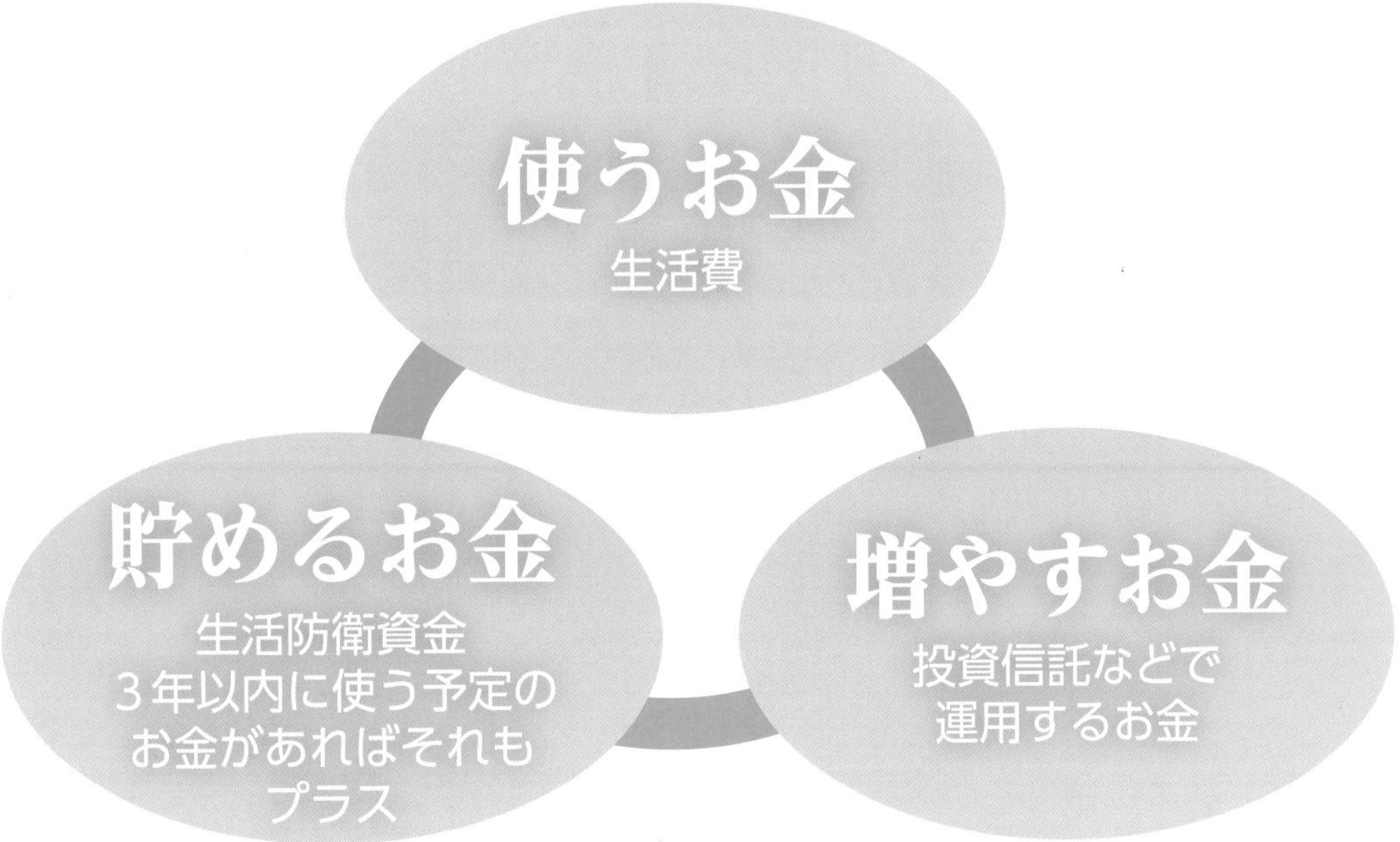

100万円を預けた場合の税引き前の利息額

金利(年)	3年	5年	10年
0.001%	30円	50円	100円
0.1%	3003円	5010円	1万45円
9%	29万5029円	53万8624円	136万7364円

現在の普通預金だと（0.001%）

現在のネット銀行だと（0.1%）

バブル期なら（9%）
1980年頃のゆうちょ銀行（当時は郵便貯金）の定額貯金（3年超）のおおよその金利

※実際には、利息から20.315%の税金が引かれます。

72の法則で見ると

- 元のお金が2倍になるおおよその期間がわかる「72の法則」。**72÷金利（%）＝運用期間**になるので、**9%なら8年**（72÷9）ですが、**0.1%では720年**（72÷0.1）、**0.001%だと72000年**（72÷0.001）に！

3
貯める・増やす

「使うお金」は1・5カ月分

生活費に0・5カ月分の余裕を持たせて、貯める口座からの引き出しを防ぐ

プラス0・5カ月分の使い方

「使うお金」は生活に必要なものを買うといいましたが、そのために必要な「使う」の口座には、**月収（手取り）の1・5カ月分**のお金を入れておきましょう。たとえば、月収30万円の人なら、毎月45万円分を常に「使う口座」に入れておきます。

　これは、毎月1・5カ月分を使っていい、というわけではありません。1カ月分の収入の中で上手にやりくりしてぜひ余らせてほしいのですが、とはいってもときには突発的な出費などもあって1カ月分を少しオーバーしてしまうこともあります。そのようなときに助けとなるのが、この0・5カ月分なのです。

　不足するたびに「貯める口座」から引き出していたら、なかなか貯金できないですよね。それを防ぐための防波堤のような役目を果たします。つまり、**この0・5カ月分はいざというときの「お助け金」です**。あくまでも「保険」なので、できるだけ使わずにとっておきましょう。

オーバーした分は3カ月で調整する

　もし、月収を超える出費をした場合には、どうすればいいでしょう？　次の2カ月で元に戻すよう調整するのです。ダイエットも食べすぎたなと思ったら、次の2、3日は軽めの食事にしたり、いつもより身体を動かしたりして、体重を元に戻す調整をしますよね。それと同じイメージです。

　たとえば、今月1・1カ月分使ってしまったという場合には、翌月は0・9カ月分でおさまるように心がけましょう。こうして3カ月目をひとつの区切りとして、トータルで1・5カ月分が口座に残るようにします。

　また、**3カ月ごとに「振り返り」をしてみましょう**。この3カ月の家計の動きはどうだったか？　30ページの「消費」「投資」「浪費」に合わせて見直してみるのもいいでしょう。「9月はお祝い続きで食費が予算オーバーしてしまったけれど、10月はうまくやりくりができたので、11月はプラスマイナスゼロに戻すことができた。来月は12月。クリスマスで出費がかさみそうなので引き締めていこう」など、次の3カ月の予定も確認しておくと、家計も上手に調整できます。家族で情報を共有してもいいでしょう。

　最終的には、**使うお金の中から1カ月分で毎月の生活を回せるようになることが目標です**。これで貯める体制はかなり整ってきます。

1.5カ月分の使い方

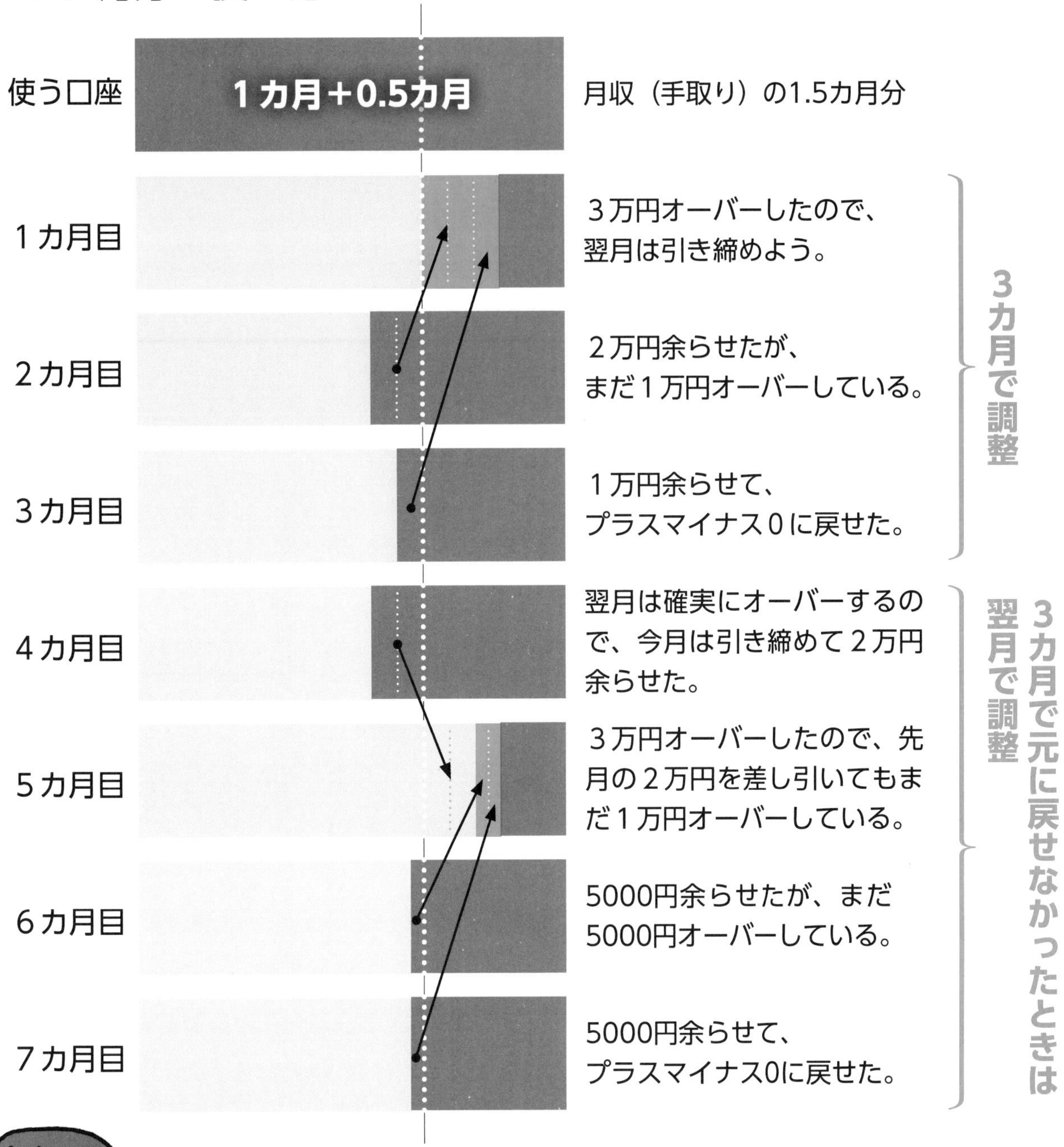
使う口座
1カ月+0.5カ月
月収（手取り）の1.5カ月分
1カ月目
3万円オーバーしたので、翌月は引き締めよう。
2カ月目
2万円余らせたが、まだ1万円オーバーしている。
3カ月目
1万円余らせて、プラスマイナス0に戻せた。
3カ月で調整
4カ月目
翌月は確実にオーバーするので、今月は引き締めて2万円余らせた。
5カ月目
3万円オーバーしたので、先月の2万円を差し引いてもまだ1万円オーバーしている。
6カ月目
5000円余らせたが、まだ5000円オーバーしている。
7カ月目
5000円余らせて、プラスマイナス0に戻せた。
翌月で調整
3カ月で元に戻せなかったときは

オーバー分は早く戻す！

- 3カ月で調整できなかったオーバー分はできるだけ早く戻します。**3カ月でダメなら4カ月で、4カ月でダメなら5カ月で元に戻します**。大きな臨時支出があって、なかなか1.5カ月分に戻らないからといって、「貯めるお金」に手をつけるのは厳禁です。

3
貯める・増やす

「貯めるお金」は最低6カ月分

基本は使わない、万が一の際に役立てる生活防衛資金

3年以内に使う予定のお金もここに

次に「貯める口座」。まずは「使う口座」に1・5カ月分をキープできるようになったら、それ以外の余剰分はこの「貯める口座」に入れていきます。ここは、基本的に出し入れせずに取っておく貯金です。たとえば、「急に入院代が必要となった」など、生活費ではまかないきれない、突発的に必要となる、やや大きな支出にも対応するためのお金です。「生活防衛資金」としての意味合いが強いです。いつでもすぐ現金化できるよう、運用に回すのではなく、普通預金や定期預金などの預貯金口座に入れておきます。ただ、将来的には「増やす口座」との連動をはかりたいので、ネット銀行がおすすめです。

子どもの入学金や車の購入費用、ローンの頭金など、1、2カ月から半年、3年後くらいまでに確実に使うことがわかっているお金もここに入れておきます。

貯めるお金は、**月収（手取り）の6カ月から1年分あるといいでしょう**。以前は「半年分あれば十分」といっていたのですが、この1、2年で少し状況が変わってきました。このコロナ禍で先行きが不透明になってきたので、6カ月からできれば1年分とお伝えしています。さらに**自営業の方は万が一に備えて2年分あってもいいかもしれません**。「3年分あったほうがいい」という専門家もいますが、あまり「貯める口座」に入れすぎてしまうと、「増やすお金」のほうに回らなくなり、お金に働いてもらえなくなってしまいます。まずは1年分、自営業の方は保険として2年分あればいい、と私は思っています。定年後には年金で不足した分を補填する意味合いも持っています。

「使うお金」とは絶対に一緒にしない

よくやりがちな失敗が、「使う口座」と「貯める口座」を一緒にして考えてしまうこと。使う口座に45万円、貯める口座に155万円あったとして、「貯金は200万円あります」という人がいますが違います。**「使う口座」のほうは貯金としてカウントしません**。なぜなら「生活費」としてすでに使うことが決まっているお金だからです。すみ分けはきっちりしておきましょう。先の例でいえば、貯金は「貯める口座」にある155万円です。日々の生活に必要なお金は「使うお金」で1・5カ月分、それ以外のすぐには引き出さないお金が「貯めるお金」で6カ月から1年分です。

●「使う口座」と「貯める口座」の正しいイメージ

※使う口座で1.5カ月分を超えたお金だけは、貯める口座への移動OK。

●ダメな例

✕２つのお金が混ざる

✕２つとも「貯金」とカウントする

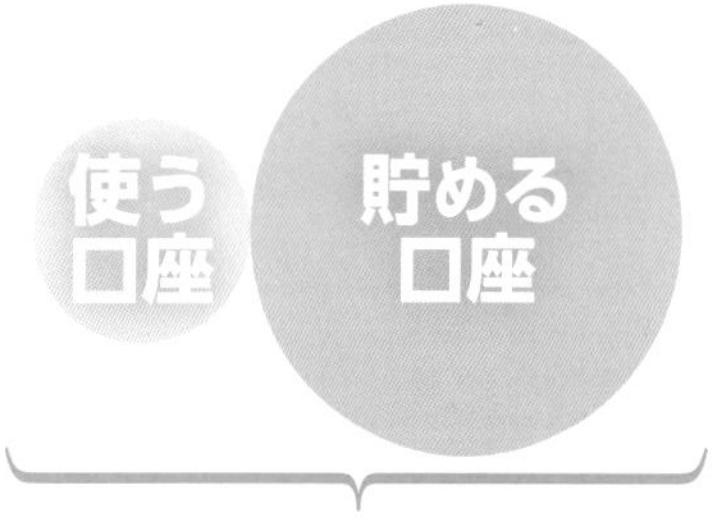

両方とも「貯金」。

余剰分は「貯める口座」に

● 給料が振り込まれた時点で「使う口座」に1.5カ月分以上のお金があったら、家計管理はかなりうまくいっています。この状態を3カ月以上続けられたら、**余剰分は「使う口座」から引き出して「貯める口座」に移しましょう。**

貯める・増やす 3

「増やすお金」は投資で運用する

「使う」「貯める」以外のお金には働いてもらう

「投資信託」をはじめる

3番目は「増やす口座」です。「使う口座」に1・5カ月分、「貯める口座」に6カ月から1年分（自営業の方は2年分）貯まったら「増やす口座」を開きましょう。

ここには、3年以上使わないお金を入れます。具体的には、証券会社で投資信託を買って運用し、主に老後の資金を築いていきます。つまり、**「お金に働いてもらう」**のです。

先にもお話ししましたが、銀行に預けても利率が低いため、ほぼ増えません。そこで、証券会社（おすすめはネット証券）にします。とはいっても、難しいことはありません。基本的には積立投資信託（積立投信）を利用しますから、一度口座開設をして、商品を選び、設定したら、自動的に積み立てがはじまります。積立投信については64ページをご覧ください。

増やす口座には、ひとつ注意点があります。それは、**急にお金が必要になっても即現金化することは難しい**ということです。売却すれば現金にはなりますが、だいたい4～7日かかります。また、時期によって評価額が変動しますから、売却するタイミングによっては当初より金額が下がる場合もあります。**解約は最後の手段と考えましょう。**

「貯める」と「増やす」を並走させる場合も

先にもお話ししましたが、「増やす」は順番としては3番目に持つべき口座です。

とはいっても、「貯める口座」になかなかお金が貯まらない、という場合もありますよね。「貯められないから投資できない」というのはちょっともったいないです。なぜなら、投資では時間がものすごく重要だからです。月収の1年分を貯めるのに何年もかかりそうな場合には、ぜひ「貯める」と「増やす」を並走しましょう。毎月3万円浮かせたら、そのうち2万円を貯金、1万円を投資に回すのです。貯金に重点を置きながら投資を同時に行い、貯蓄を増やしましょう。

そもそも、投資は何千万円もの金額がなくてもできます。毎月余ったものを投資に回す。そのほうがずっと確実でリスクの分散もできます。今は余裕がないから投資できないではなく、**今の状況でできることを考えましょう。**

商品によっては月100円からはじめることもできます。月3000円なら飲み会に行ったつもり、洋服を買ったつもりでねん出できるはずです。

●「貯める」の一部を「増やす」に回す

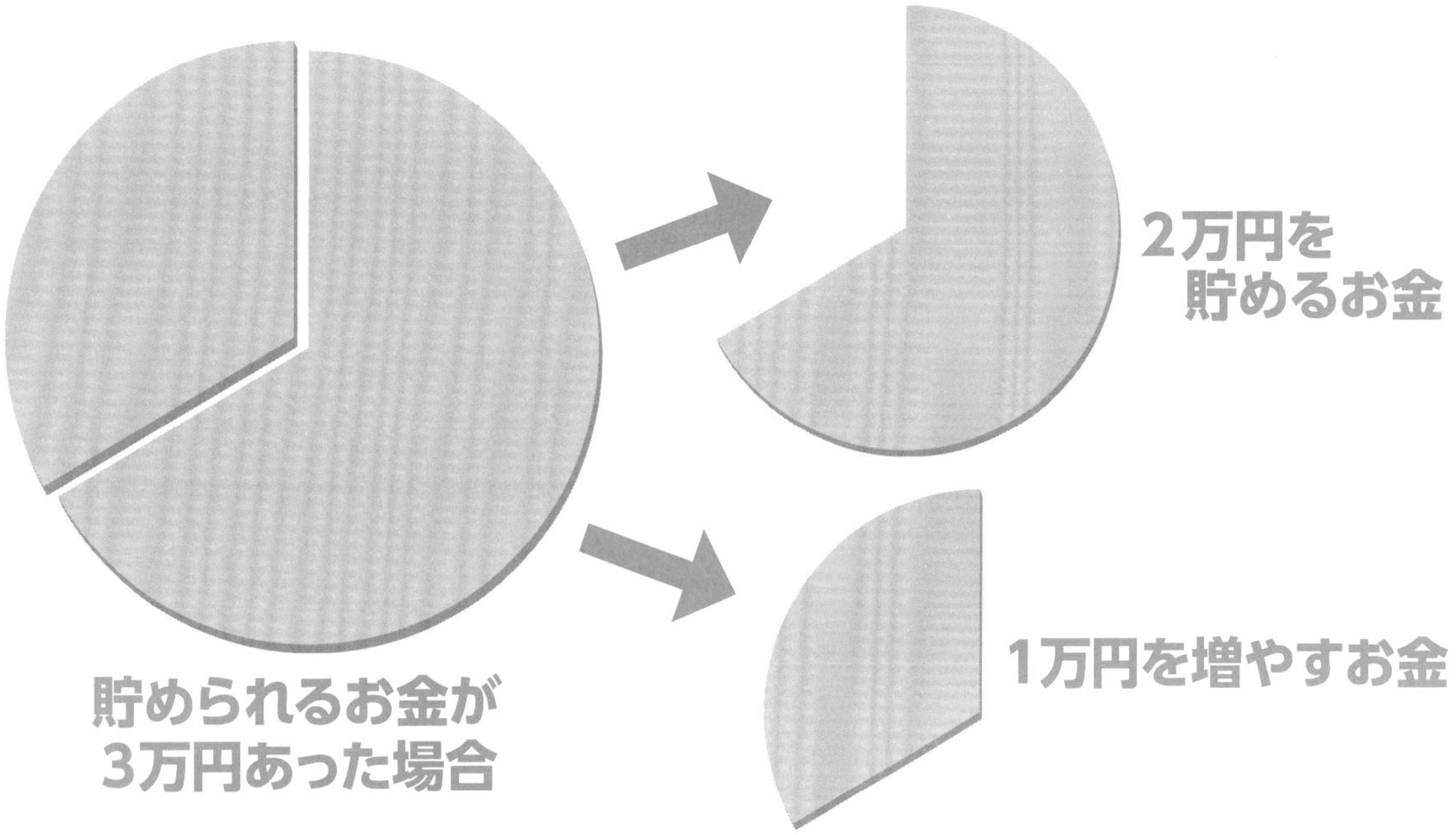

●3つのお金と預け先

	内容	金額目安	金融機関	預け先のポイント
使うお金	生活費、毎月必要なお金	1.5カ月分	店舗やATMの多い銀行、給与振込口座	**すぐに現金化できるところ**
貯めるお金	生活防衛資金と3年以内に使う予定のあるお金	6カ月～1年分(自営業は2年分)＋3年以内に使う予定のお金	**ネット銀行がおすすめ**	使わないことが前提なので、流動性よりも金利を重視
増やすお金	投資信託に回すお金	3年以内に使わないお金、老後のお金	**ネット証券がおすすめ**	手数料が安いところ。ただし、すぐに現金化はできない

順序は正しく

●「貯める」と「増やす」を並走する方法もあるとお伝えしましたが、その場合も優先するのはあくまでも「貯める」です。「貯める」の口座が十分でないのに「増やす」の比重を多くしたり、**「貯める」を後回しにして「増やす」を優先にするのはNGです。**

3 貯める・増やす

「投資信託」の仕組みを知ろう

インフレに負けないお金を長期でつくる

「投資信託」の基本

投資信託とは、私たち投資家から集めたお金をひとつの大きな資金としてまとめ、それを運用の専門家であるファンドマネージャーが国内外の株式や債券、不動産などに投資・運用する商品のことをいいます。

先にもお話ししましたが、銀行の普通預金の金利は0・001％（2021年11月現在）。預けておいてもほとんど増えません。その一方、インフレ（インフレーション）はほぼ毎年進みます。インフレとはお金の価値が下がり、物の値段が上がること。国では毎年2％のインフレを目指しています。

つまり、**物価は毎年2％上昇する可能性がある**ということ。35年後には物価が2倍になる計算です。タンス預金に100万円あったとして、生活費が月25万円なら4カ月暮らせますが、物価が倍になったら2カ月しかもちません。つまり、何もしなければ目減りするだけなのです。

そこで、2％のインフレにも負けないお金のつくり方が必要となります。それが「投資信託」です。

もちろん、商品によっても時期によっても利回りは変わってきますが、多くの場合年利3～5％程度は見込めますから、お金を増やすことは十分可能です。10年後、20年後のお金をつくりたいのであれば、ギャンブル的要素の強い投機をする必要はありません。コツコツと投資信託を買っていけば自然とできあがります。

投資信託のはじめ方

投資信託をやろう！と思っても、何からどうはじめたらいいかわからないという方もいらっしゃるでしょう。

手順としては、

1 証券会社を選ぶ
2 口座を開設する

です。証券会社には実店舗を持つ証券会社とネット証券のふたつがあります。私は断然**「ネット証券」をおすすめします**。その理由は、4つあります。

1 自宅で口座開設ができる
2 取り扱い商品が豊富にある
3 手数料が安い（購入手数料が無料の「ノーロード」商品が多い）
4 購入できる最低金額が安い（月100円からはじめられるネット証券も！）

特に、手数料が安いのと、購入最低金額が安いことは、ネット証券の大きなメリットではないでしょうか。少額からはじめるにはぴったりです。

●投資信託のイメージ

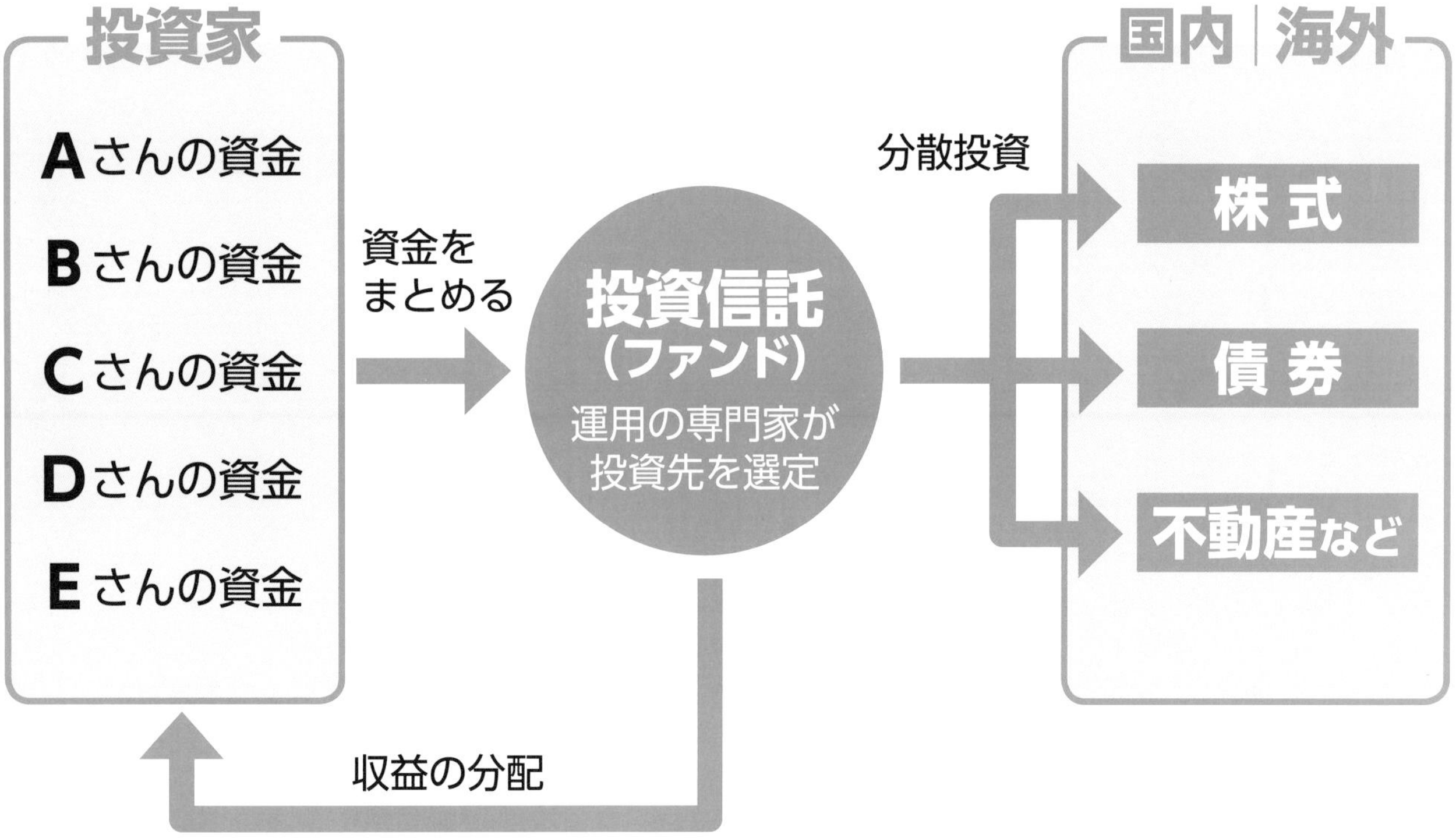

●インフレ（インフレーション）のイメージ

インフレの反対

●インフレの反対の「デフレ（デフレーション）」は、**物の値段が下がってお金の価値が上がること**です。１個100円のリンゴが50円で買えるようになるのは一見良いことのようにも思えますが、デフレには多くの弊害があります。なので**国は２％のインフレを目標に**しています。

3
貯める・増やす

投資のもうひとつの効果

家計管理のモチベーションが一気に上がる

何歳からでも遅くない

「今から投資をはじめても間に合いますか？」と年齢を気にする方もいらっしゃいます。でも、大丈夫！　今は人生１００年時代です。たとえ今60代の方も10年後、70代ならまだまだ元気に過ごしている確率は高いわけですから、安心老後のためにもぜひはじめていただきたいです。何より、今が人生の中で一番若いのですから、やるなら早いほうがいいでしょう。

家計に目が向き節約が楽しくなる

　投資の効果は、お金が増えることが一番かもしれません。でも、**「家計に目が向く」**ことも非常に大きくて、むしろこれが一番の効果なのではないかとすら私は考えます。

　節約して浮かせた分のお金を投資に回すと、それが大きくなって自分の元に戻ってくるのが目に見えるからです。

　節約はつらくてきついイメージがありますが、投資信託は節約とリターンが直結しているからやりがいにつながりますし、未来の希望にもなります。努力が形となってあらわれるのが投資なのです。

「節約をして家計を建て直さなきゃ！」と考えると頑張らないといけない感じがしますが「投資額を増やすために家計を調整するぞ！」ならどうでしょう？　前向きな感じもするし、少しゲームを楽しむような感覚も生まれてくるのではないでしょうか。実際、私のところにいらっしゃる方に、「家計を見直してお金を残しましょう！」と熱く語っても、やる気になってもらえないことがありますが、「投資のために家計を調整しましょう」というと俄然乗ってくれたりします。

先取り投資のススメ

「先取り貯金」というのがありますね。収入から支出を引いた残りを貯金に回すのではなく、収入を得たら、先に一定額を貯金に回し、残りのお金で生活をするというものです。お金を使わないようにするのはなかなか難しいけれど、元からないものと思っていたら、ない中でやっていくしかありません。自然と貯金が成功するという方法です。

　そこから一歩進めて、「先取り投資」はおすすめです。「このくらいの金額は投資したいな」と思ったら、先にその金額を積立投信に回すのです。見えないお金なので、節約のつらさもありませんし、いつの間にか貯まっていくので楽しみもあります。

投資のふたつの効果

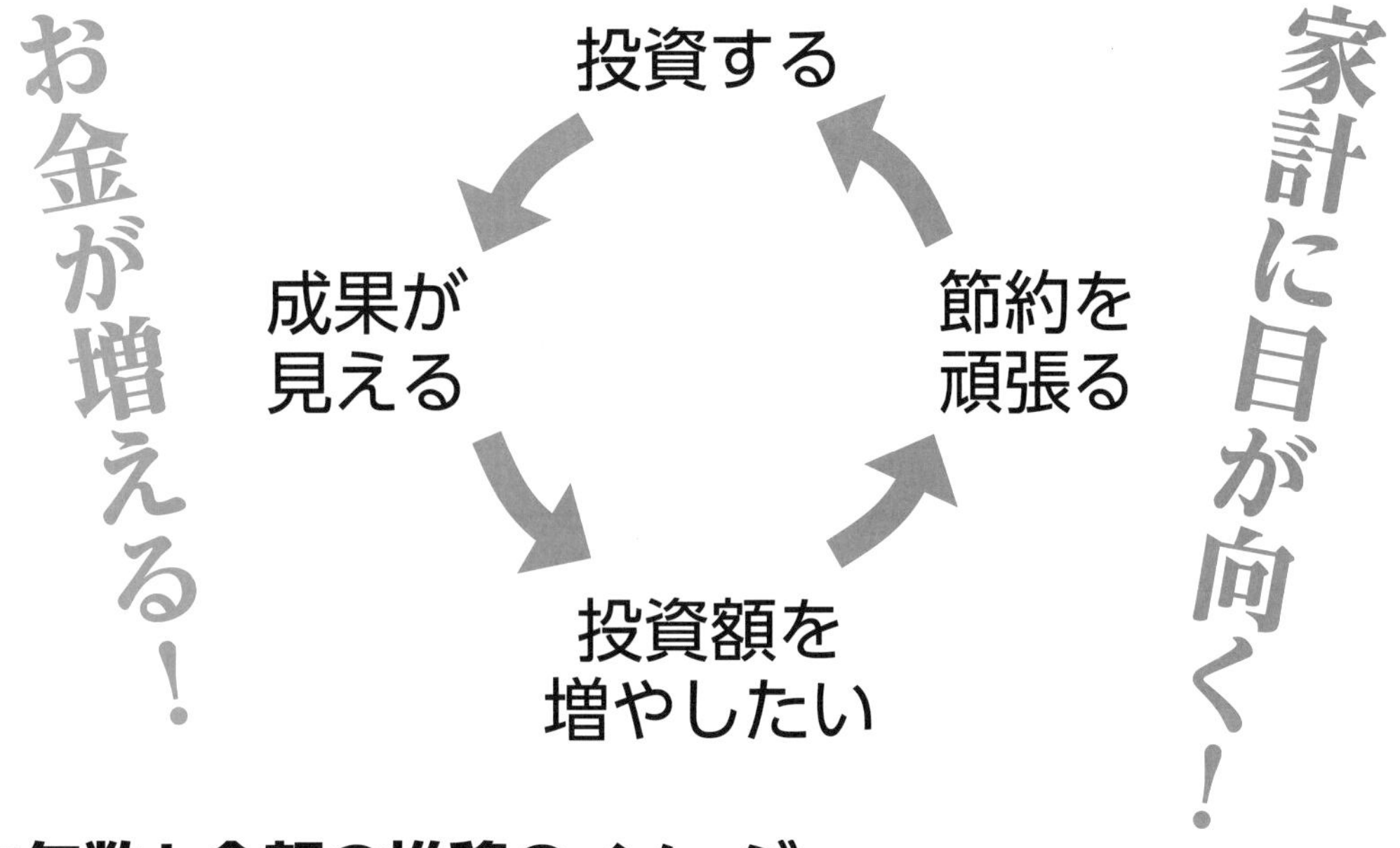

積立年数と金額の推移のイメージ

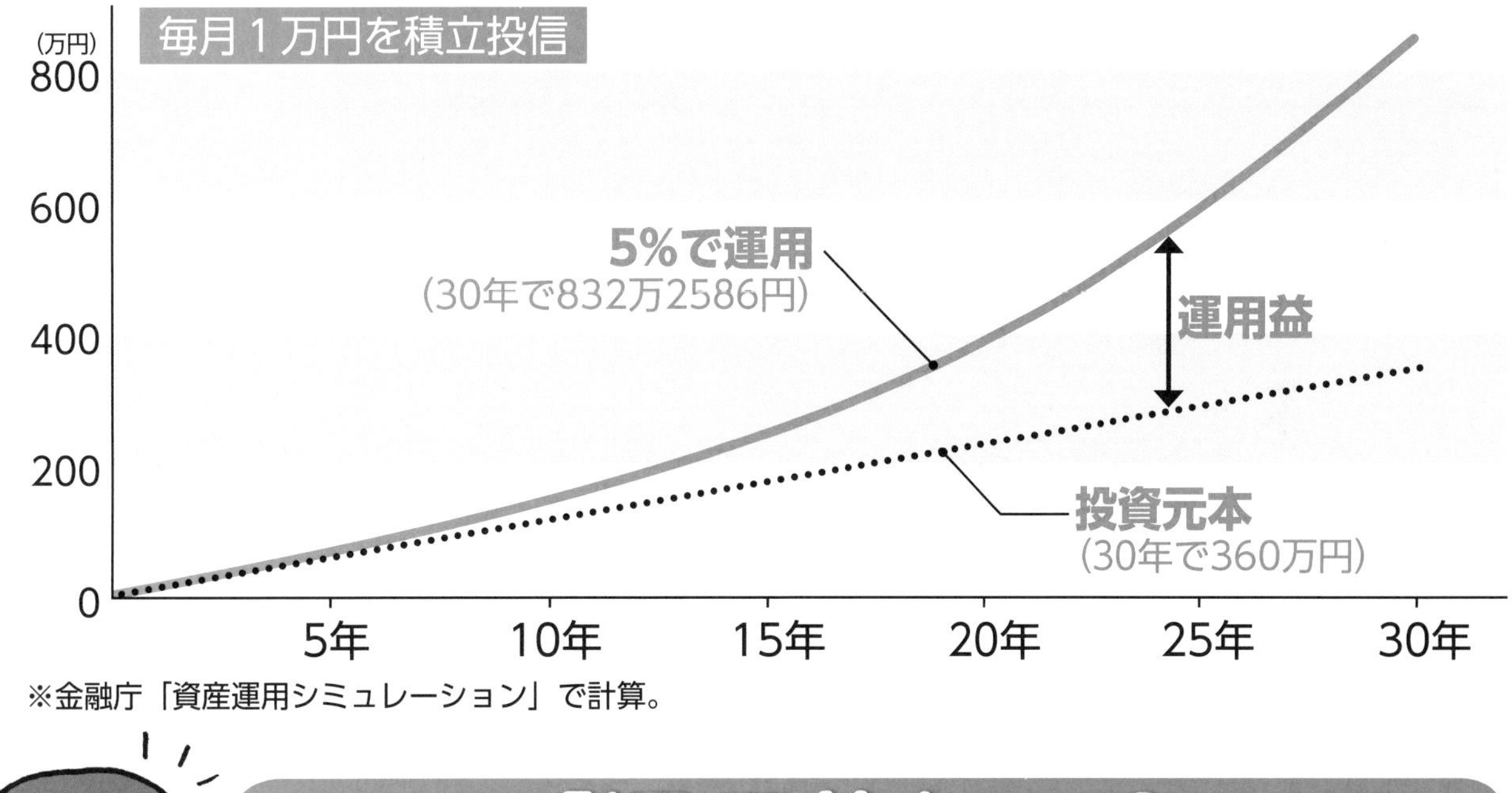

※金融庁「資産運用シミュレーション」で計算。

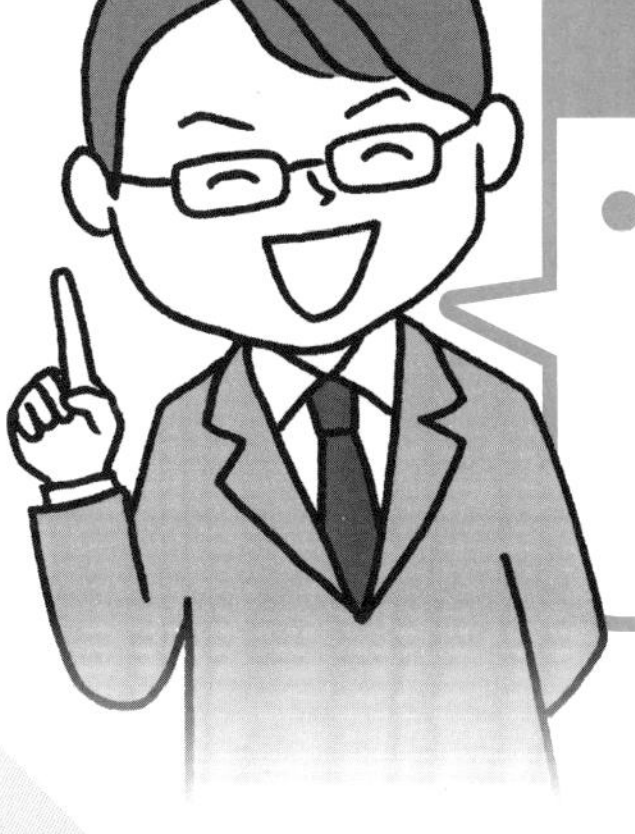

「運用益」とは？

- 上の図の5%で運用した場合と元本（運用しなかった場合）の差が「運用益」[*1]（利益）です。運用線は「複利」[*2]の効果でカーブして上昇しているので、この差は時間とともに加速して広がります。運用をはじめるなら早い方がいいといわれる理由です。

＊１……運用益には20.315%の税金がかかります。
＊２……複利については70ページで説明します。

投資は恐れるより、少額で慣れる

「投資」と「投機」は別物だと知っておく

世界ではスタンダードな投資

ここまでお話ししてきて、投資がもはや避けては通れないものであることが少しおわかりいただけたのではないでしょうか。とはいっても「投資は怖い」という人がいまだに多いのもまた事実です。

しかし、ハーバード大学をはじめ、海外の大学はものすごく投資活動に力を入れています。投資銀行に近い知識を持ってきちんと利益を上げ、その分学費に還元しています。また、日本でも年金を運用しています。

たしかに、**投資信託はお金が減る可能性もゼロではありません**。でも、銀行の普通預金に預けてもはっきりいってお金は増えません。100万円預けて利息は10円。**時間外手数料を取られたらそれだけでマイナスです**。それも投資でいうところの「負け」です。

少額で原理を理解する

投資は恐れるより、慣れが大事です。泳げるようになるためには、浅いプールに入って水に慣れることからはじめるのと似ていますね。まずは少ない金額からはじめて、「投資ってこんなものなのか」と体感することからはじめましょう。

原理がわかってくると怖くなくなってきます。金額は、自分で無理なく、「このくらいの金額からはじめてみようかな」というところから。3000円でも1万円でも問題ありません。

投資信託はプラスサム

金や不動産、仮想通貨などの暗号資産、FX（外国為替証拠金取引）などすべてまとめて「投資」といわれます。ですが、FXは「ゼロサムゲーム」だと思っています。必ず勝つ人と負ける人がいるゲーム。誰かが負けた分を勝った人が全部持っていくというイメージでしょうか。メンバー間でお金をぐるぐる回し合っているだけで、お金の総量（合計の投資金額）は増えません。

一方、投資信託は「プラスサム」。合計の投資金額よりも還元率が大きくなります。勝つ度合は人によって違う場合がありますが、勝った人が負けた人から利益を得ることはありません。株価が上がればそこに投資した人たちみんなが勝てるのです。

ちなみにこの反対は「マイナスサム」。宝くじや競馬、パチンコなどがそうです。誰かの負け分のうちまず胴元が2、3割取り、その残りを勝った人で分配するような形です。

●ギャンブルと投機、投資について

ギャンブル（競馬、パチンコ、パチスロなど）：マイナスサム

皆が出し合ったお金から、胴元が取り分を除いた残りを勝った人に分配する。

勝った人と負けた人のプラスとマイナスを合わせた合計（サム）はゼロではなく、マイナスになる。還元率が100％にならないので、やった人全体として考えると全員が損をする。

投機（FX、仮想通貨、デイトレード、不動産投資）：ゼロサム

皆で出し合ったお金を、皆で取り合う。儲ける人と損をする人が必ず出る。
勝った人と負けた人のプラスとマイナスの合計（サム）はゼロになる。

投資（投資信託、株）：プラスサム

皆でお金を出し合い、増えた分を分配するので、誰も損をしない場合もある。
※この本でおすすめしているつみたてNISA、iDeCoなどの国が税制を優遇している制度を使って行う投資信託は、儲ける人のほうが多いのでプラスサム。

ギャンブルと投機

●私も学生時代にはパチンコや競馬をやったことがあるので、その面白さはわかります（笑）。それでも、マイナスサムのものはギャンブルだと思います。また、外貨を売り買いして為替の差益を狙うFX（外国為替証拠金取引）や価格の変動の激しい仮想通貨などゼロサムのものは投機だと思っています。短期で結果を求めるデイトレードなどもそうですね。なので、仕組みやリスクをわかったうえで自分のお小遣いの中からやる分にはいいのかな、という気がします。

3 貯める・増やす

時間を味方につければ99%負けなし

時間と複利の効果を理解して「負けない投資」を目指す

投資の鉄則

投資の鉄則は、ずばり「長期」「分散」「積立」です。まずは、時間を味方につけて、コツコツ行うこと。なぜなら、経済状況はアップダウンがあり、必ずしもいいときばかりではないからです。

実際、何年かに一度は大きく下落する時期があります。たとえば、２００８年のリーマンショック、そして２０２０年のコロナショックなどです。そのほかにも北朝鮮のロケットが打ち上げられたなどのニュースでも市場は下がります。ですが、市場が下落しっぱなしということはまずありません。長期的に見ると、経済は着実に成長しています。実際、リーマンショックで株価は大暴落しましたが、5年後にはリーマンショック前と同じ水準まで回復、その後は成長し、今ではそのときを超える水準で推移しています。

「負けない投資」のポイント

大事なのは、**ガクンと落ちたときにも焦らず、踊らされずじっと「待つ」ことです。**これが「負けない投資」の大きなポイントです。

ということは、上がり下がりに一喜一憂せず、放っておくことも大切かもしれません。放っておいてたまに評価額を見るくらいでいいので、むしろ面倒くさがり屋の人向きかもしれませんね。

複利の効果を最大限利用する

もうひとつ長期で待つことの意味は**「複利効果」**にあります。投資信託は運用で得た利益を再投資しながら膨らんでいく複利です。たとえば、利回り3%の場合、単利だと1年目には１００万円に対して3万円の利益が出て、2年目も3年目も同じように１００万円に対して利益は3万円……が繰り返されます。

一方、複利の場合は1年目１００万円に対して3万円の利益で単利の場合と同じですが、2年目は１０３万円に対する3%で3万９００円の利益になります。3年目は１０６万９００円に対する3%で3万１８２７円……と増えていきます。こうして、少しずつ元の金額が大きくなり、それに合わせて利益も増えます。雪だるまをつくるときに似ていますね。小さな雪玉をゴロゴロ転がしていくうちに加速度的に大きくなって、気づいたら大きな雪玉ができあがっていた。それと同じことです。時間をかければかけるほど複利効果を得ることができます。お子さんは時間がありますから、早くからはじめたら最強ですね。

単利と複利のイメージ

単利

当初の元本に対して利息がつく。
元本は変わらないので、増えるスピードは一定。

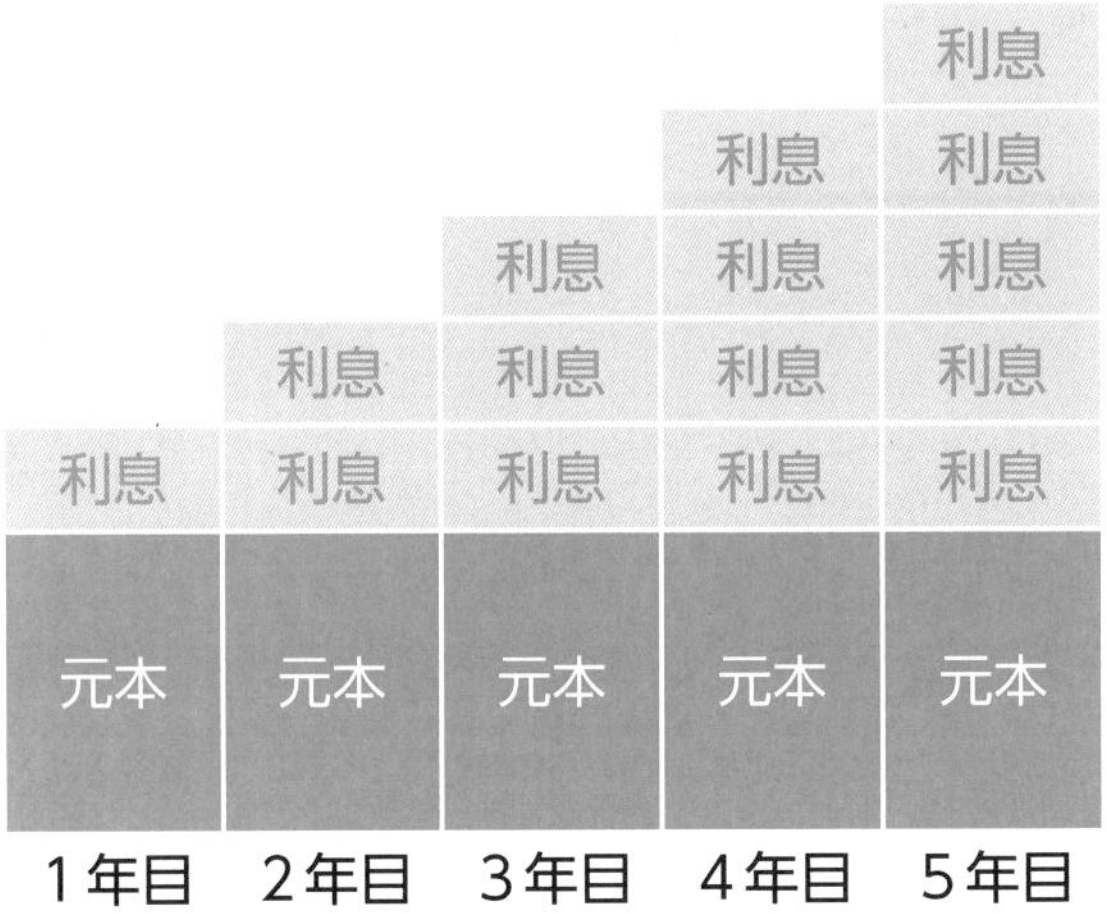

複利

元本＋利息が、次の年の元本になる。
元本が大きくなるから増えるスピードが加速する。

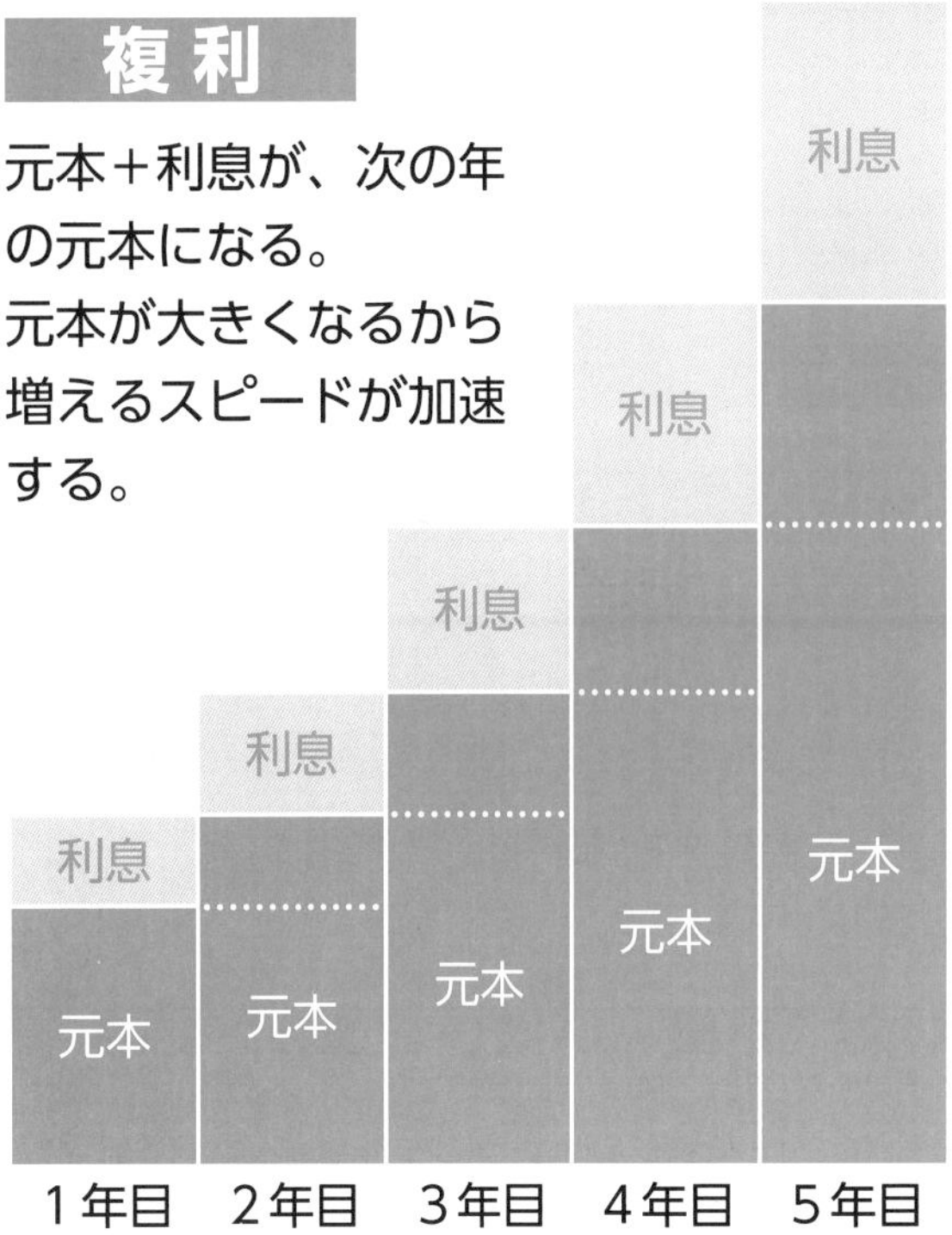

ダウ平均株価の推移（1980～2019年）

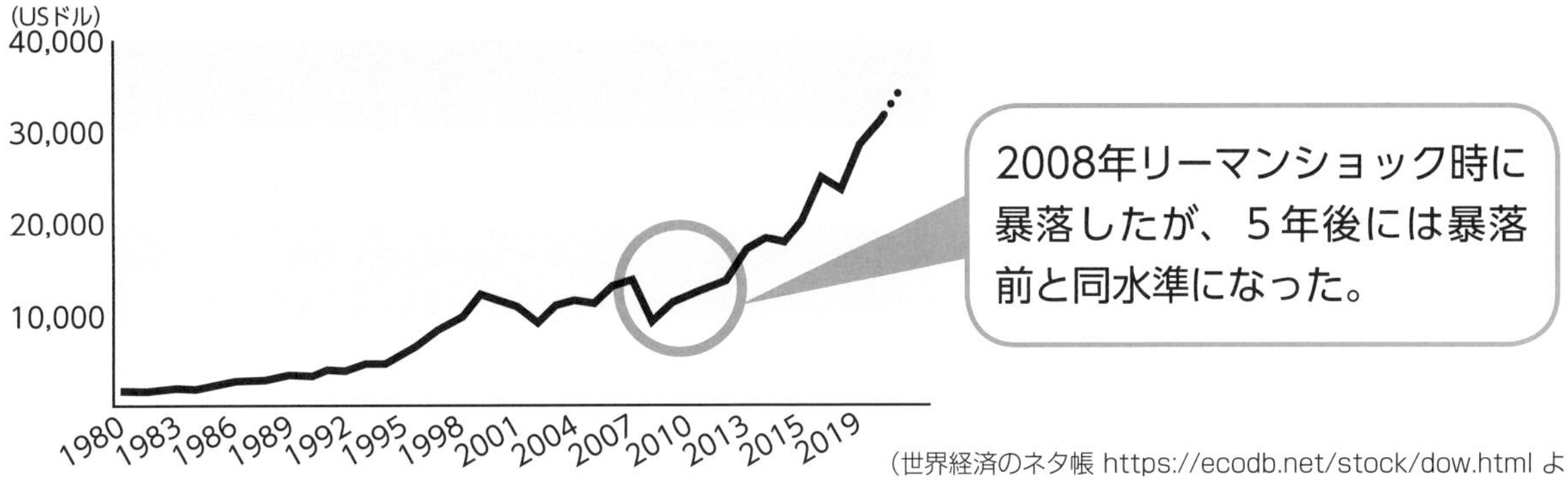

（世界経済のネタ帳 https://ecodb.net/stock/dow.html より）

「貯める」が先！

●ダウ平均（アメリカの代表的な株価指数）の推移からもわかるように、**経済状況には必ずアップダウンがあります**。負けない投資に大切なのは、株価が下落したときも手放さずに**「待つ」こと**。そのためにも生活防衛資金である「貯めるお金」を用意しておくことが重要になります。

3 貯める・増やす

分散でリスク回避

「投資先」と「時間」を分散すれば、リスクは回避できる

投資先を分散する

仕事などもそうですが、ひとつのクライアントに売上が集中すると、その一社がダメになったとき収入がガタ落ちになってしまいます。それを避けるためにも、いくつかのクライアントを分散して持っておくことが大切です。投資も同じことです。リスク分散のために、投資先（資産）を分散させましょう。

アメリカの投資のことわざに**「卵はひとつのかごに盛らない」**というのがあります。卵を売ろうと思って大きなかごに入れて運んでいたら、脇から子どもが飛び出してきてぶつかり、かごを地面に落としてしまいました。かごの中の卵はすべて割れて中身が飛び出しひとつも売りものになりませんでした。

このときもし、卵を4つのかごに分けて入れていたら？　たとえひとつのかごを落として中の卵がすべて割れてしまったとしても、ほかの3つのかごに入った卵は無傷ですから売ることができます。まさにリスク回避ですね。

投資信託では、異なる銘柄、異なる地域、異なる通貨など、値動きが異なる商品を組み合わせましょう。全体的に見ると株が下落していても、個別に見ると中には業績がいい株もあります。Aがダメでも Bという商品が上昇していたら、損分は少なくなりますし、Bが大きく勝っていたらたとえAが負けていてもトータルでプラスに転じるかもしれません。**積立投信は多くの商品がパッケージ化されているのでリスク分散されています。**

時間を分散する

また、分散とは「時間の分散」も意味します。一気にまとめて買うのではなく、毎月一定の額に分けて少しずつ買っていくことで、やはりリスクを分散することができます。

積立投信は、**値動きにかかわらず毎月決まった額を購入し続けます。**そのことで、長期的に見ると平均購入単価を抑えることができます。それに、株が下落しているときは同じ値段で多く買えるということなので、実は悪いことではありません。リーマンショックで株価が大暴落した際も私は積み立てを続けていました。その間は多くの数を買えたので、株価が回復してからは評価額が一気にグンと増えました。

積立投信を行っていると不安があるかもしれませんが、とにかく5年以上は続けましょう。**途中で売却することのないよう、貯金はつくっておいてください。**

●投資先（資産）の分散

投資先

- **銘柄**（会社・業種）　複数の会社や業種の異なる会社を組み合わせる。信用リスクや価格変動リスクを分散できる。
- **地域**（日本・海外）　日本だけでなく、海外（先進国・新興国）にも投資をする。信用リスク、為替変動リスク、価格変動リスクを分散できる。
- **通貨**（日本円・外貨）　円だけでなく、外貨（ドル、ユーロ）も保有する。信用リスク、為替変動リスクを分散できる。

●時間の分散

1～4月の4カ月に分けてリンゴを購入してみると

	1月 @100円	2月 @150円	3月 @50円	4月 @100円	合計	ドルコスト平均法
毎月同じ金額（1万円）分購入	100個 1万円	66個 9900円	200個 1万円	100個 1万円	466個 3万9900円	@85.6円 4月に売ると 6700円のプラス
毎月同じ個数（100個）分購入	100個 1万円	100個 1万5000円	100個 5000円	100個 1万円	400個 4万円	@100円 4月に売ると 利益なし
1度にまとめて購入	400個 4万円	—	—	—	400個 4万円	@100円 4月に売ると 利益なし

ドルコスト平均法

●値動きにかかわらず**毎月決まった額を購入し続ける積立投信**の方法は、別名「ドルコスト平均法」と呼ばれています。結果的に**平均購入単価を抑えることができる**うえ、毎回考える必要がありません。基本は**放っておけばいい**という点も初心者に向いています。

3 貯める・増やす

NISAとiDeCo――①NISA

投資をはじめるなら、国が後押しする制度を利用する

お得な節税効果

ＮＩＳＡ（ニーサ）とｉＤｅＣｏ（イデコ）、名前くらいは聞いたことがあるのではないでしょうか。どちらも積立投資信託などで節税効果があります。通常、投資で得た利益には約20%[*1]の税金が課税されます。１００万円増えても実際には80万円弱しか手元に入りませんがＮＩＳＡとｉＤｅＣｏの場合は非課税です。

NISA（少額投資非課税制度）

ＮＩＳＡは、２０１４年1月からはじまった個人投資家向けの税制優遇制度で、イギリスのＩＳＡ（Individual Savings Account・個人貯蓄口座）をモデルにした日本（Nippon）版ＩＳＡです。

「ＮＩＳＡ口座」（非課税口座）はひとり１口座開設でき、その中では一定の限度額の範囲内で購入した金融商品から得られる利益はすべて非課税です。銀行、郵便局、証券会社、投資信託会社、生命保険会社などの金融機関でＮＩＳＡ口座の開設を申請します。

ＮＩＳＡには、一般ＮＩＳＡ、つみたてＮＩＳＡ、ジュニアＮＩＳＡの３つがあります（一般ＮＩＳＡとつみたてＮＩＳＡは、どちらか一方を選ぶ）。

●一般NISA

一般ＮＩＳＡは、毎年１２０万円の非課税投資枠があります。その年の非課税投資枠を限度額まで使わなかったからといって、翌年に繰り越すことはできません。非課税期間は最大5年、２０２３年まで投資が可能です。期間終了後は、別の非課税投資枠へ移す（ロールオーバー）、課税口座に移す、売却する、の３つから選ぶことができます。

●つみたてNISA

２０１８年1月にスタートした積立形式の「つみたてＮＩＳＡ」は、長期で運用しやすいよう、手数料が低く抑えられています。日本在住の20歳以上の人が利用できます。年間40万円の非課税投資枠があり、月にすると約３万３０００円まで。運用可能期間は最長20年間で、現在のところ２０４２年まで投資が可能です。

●ジュニアNISA

ジュニアＮＩＳＡは、日本在住の０歳から19歳までの人向けで、子どもが18歳になるまで、代わりに親などが運用するというものです。毎年80万円までの非課税投資枠があり、最長5年間非課税になりますが、一定金額までは20歳になるまで非課税で置いておくことができます。18歳までは引き出せません（災害時を除く）。２０２３年で終了予定です。

＊1……正確には復興特別所得税が上乗せされて20.315%が課税される。

NISAとiDeCo

	一般NISA（少額投資非課税制度）	つみたてNISA（少額投資非課税制度）	iDeCo（個人型確定拠出年金）
利用できる人	20歳以上[*2]	20歳以上[*2]	60歳未満の国民年金被保険者（2022年5月からは65歳未満に）
運用可能期間	5年間（ロールオーバー可能）	20年間	最長70歳まで（2022年4月からは75歳まで）
年間限度額	120万円	40万円	上限14.4～81.6万円（職業や企業型確定拠出年金の加入状況などによって異なる） 下限は6万円
解約 引き出し	いつでも可能（一般NISAとつみたてNISAはどちらか一方のみ。年ごとに変更は可能）	いつでも可能（一般NISAとつみたてNISAはどちらか一方のみ。年ごとに変更は可能）	60歳まで引き出し不可（60歳の時点で加入期間が10年に満たない場合は、引き出し年齢も繰り下げられる）
税制メリット	運用益が非課税	運用益が非課税	掛け金が全額所得控除 運用益が非課税 受給時に所得控除（「退職所得控除」「公的年金等控除」）
その他	まとまった金額を非課税で運用できる	長期で資産形成のできる金融庁の基準をクリアした低リスクの商品が選ばれている	死亡一時金、障害給付金としても受給できる 加入時や口座の維持などに手数料がかかる
主な商品	株式投資信託、株	株式投資信託、ETF（上場株式投資信託）のみ	投資信託、定期預金

※2021年11月時点の情報です。2024年からNISA制度に改正が予定されています。

どちらのNISA？

●一般NISAとつみたてNISAは、どちらか一方しかできません。資産形成のための負けない投資をするには「つみたてNISA」を選んでください。長期で運用でき、商品のラインナップも金融庁の基準をクリアした低リスクのものに限られています。

＊2……2022年4月より成年年齢が18歳に引き下げられることに伴い、2023年1月以降は18歳以上。

3 貯める・増やす

NISAとiDeCo――②iDeCo

3段階で税制上の優遇がある、自分でつくる年金

60歳以降で受け取れる私的年金

iDeCoは「個人型確定拠出年金」の愛称で、老後の資金を自分で築くための私的な年金制度です。銀行や証券会社、保険会社などでiDeCo用の口座を開設し、毎月一定の金額を掛け金として積み立てていくと、60歳以降に受け取れる仕組みになっています。

運用している利益が非課税になるだけでなく、積み立てた掛け金は全額所得控除、受け取る際も所得税がかかりません（上限は1500万円まで）。60歳以降70歳までの間に一括で受け取るか、年金のように分割して受け取るかを選択できます。一時金として受け取る場合には退職金と同じ「退職所得控除」扱いになります。年金として年2回、4回、6回に分けて受け取る場合には、公的年金扱いになります。一部を一時金としてまとめて受け取り、残りを年金のように分割して受け取ることも可能です。そのほか、死亡一時金や障害給付金があり、障害状態になった場合や加入途中に亡くなった場合は例外として60歳になる前に受け取れます。

NISAとはどう違う？

NISAとの違いは、加入した期間に関係なく、非課税期間が一律で最長70歳まで（2022年4月より75歳まで）と年齢で決まっているところです。

また、一般NISAとつみたてNISAはいつでも引き出すことは可能ですが、iDeCoは一度預けたら60歳を過ぎるまで引き出すことができません。

加入者の年金被保険者区分（国民年金の被保険者の第1～3号の種別や勤め先の企業年金の違い）によって、掛け金の上限が異なります。自営業者は月6万8000円、会社員・専業主婦は月2万3000円、公務員・会社員で企業年金がある場合は月1万2000円です。

iDeCoとNISA、どちらがお得か？で考えれば、所得控除も受けられるiDeCoです。ただし、60歳まで引き出せませんから、続けられる自信がない人は「つみたてNISA」がいいでしょう。年齢に関係なく、いつでも売却できますし、長く運用できます。

両方できたら最強です。iDeCo2万3000円＋NISA3万3000円＝月5万6000円が難しいなら、iDeCo1万円＋NISA2万円などでもいいでしょう。夫婦で分担するのもありです。今まで蓄えてきた貯金を投資に移動させてもいいでしょう。

iDeCoの年間限度額

	対象者	年間（月額）
第1号被保険者	自営業・フリーランス・学生など	81万6000円（6万8000円） ※国民年金基金または国民年金付加保険料と合算
第2号被保険者	会社員（企業年金なし）	27万6000円（2万3000円）
	会社員（企業型の確定拠出年金あり）	24万円（2万円）
	会社員（企業年金あり）・公務員	14万4000円（1万2000円）
第3号被保険者	第２号被保険者の被扶養配偶者	27万6000円（2万3000円）

投資初心者が陥りやすい落とし穴トップ3

・第１位　商品を５年未満で手放してしまう

積立投信で一番やりがちなのが、せっかく買った商品を短期で売却してしまうことです。積立投信をはじめて挫折しやすいのが１年経った頃。「思ったよりも増えていない」とやる気をなくす、日々の値動きに一喜一憂して買った値段よりも下がっていると焦って手放してしまうなどです。でも、長い目で見れば成長していきます。待つことも大事なことです。

・第２位　「貯めるお金」（貯金）がないのに「投資」に走る

貯金がないのに投資にお金を回してしまうことがあります。何もなければいいですが、毎月使うお金が赤字になったとき、評価額に関係なく商品を売却しなければなりません。もったいないですよね。そもそも家計が赤字の場合は投資より前に家計を黒字にすることからはじめましょう。

・第３位　まとまった資金を一気に投じる

「まとまったお金を入れたほうがより大きく儲かるのではないか？」という心理が働き、つい一度に大きな額を投資してしまうことがありますが、多くの場合失敗します。銀行や証券会社の人に「この商品は買いですよ！」といわれたり、知り合いにすすめられても、まずは少額から！

iDeCo所得控除額

●たとえば、企業年金のない課税所得300万円の会社員のAさん（専業主婦の妻と小学生の子ども１人の３人暮らしで年収700万円と仮定）の場合、掛け金は上限で年間27万6000円（月２万3000円）が全額所得控除されます。所得税10%と住民税10%を合わせた税率約20%として、概算で年間５万5200円の節税に。25年間なら138万円に。これは大きなメリットです。

3 貯める・増やす

口座開設から商品選びまで！

購入時や信託報酬などの「手数料」が安いことも大切

ネット証券で口座を開く

では、いよいよ自分でも口座を開設してみましょう。

まず、証券会社を決めます。おすすめは圧倒的に「ネット証券」です。手数料が安く（購入時手数料が無料の「ノーロード商品」も数多くある）、最低購入金額が低いので少額からはじめることができます。ＳＢＩ証券、マネックス証券、楽天証券、ａｕカブコム証券など多数あるので、自分のニーズに合わせて選びましょう。

口座開設は基本的にネット上で行います（一部、書類もあり）。

「一般口座」か「特定口座」、源泉徴収ありかなしかを選べますが、特別な理由がなければ**「特定口座」「源泉徴収なし」**にしましょう。

まずは「インデックス型」×「株式」

運用方針には、「インデックス型」と「アクティブ型」があります。日経平均株価や東証株価指数、ダウ平均[*1]やＳ＆Ｐ500などに連動することを目標に運用されるのが「インデックス型」。市場の指数以上の運用成果を目標に運営されるのが「アクティブ型」です。インデックス型は常に平均値を狙っているので、値動きがわかりやすく安定していますし、手数料（購入時と信託報酬）も安いので私は**「インデックス型」をおすすめしています。**

アクティブ型は、市場平均以上の成績を目指すため、当たると大きいですが手数料も高いことから、その分利益が吸収されてしまいます。商品は山のようにありますが、**選ぶのは「インデックス型」の「株式」**がいいと思います。基本的には手数料が安い商品を選びます。たとえば、ＳＢＩ証券のＶシリーズやｅＭＡＸＩＳシリーズなどです。

株式の割合は国内と海外を50％：50％が基本ですが、最近は海外比率高めをおすすめしています。日本株式、米国株式、新興国株式を組み合わせれば、リスク分散にもなります。

左ページでは、現在の私のおすすめ商品をご紹介します。「どれが一番」ということはありません。こちらを参考に、自分でいいと思った商品を選んでみてください。

ひとつ注意していただきたいのは、「抱き合わせ販売」です。利用者にいい商品にイマイチな商品（証券会社が得する商品）とセット販売することで、証券会社は損得を調整することがあります。

＊1……ダウ平均とならぶアメリカの代表的な株価指数。

●証券口座の違い

一般口座（課税口座）
確定申告の際に、自分で取引の損益の計算や書類を作成する必要がある。

特定口座（課税口座）
証券会社が確定申告の際に必要な書類（「特定口座年間取引報告書」）を作成してくれる。

源泉徴収あり
証券会社が運用益から税金を徴収し、納付してくれる。

源泉徴収なし
自分で確定申告を行って税金を納める（運用益20万円未満は確定申告が不要）。

NISA口座（非課税口座）
確定申告は不要。「一般口座」「特定口座」とは別口座なので、NISAはこちらを選択。

●おすすめインデックス型×株式の商品

商品名	カテゴリー	信託報酬（年率）	購入時手数料
楽天・全米株式インデックス・ファンド	米国株式	0.162%	なし
これは楽天投信投資顧問と「世界最強の運用会社」と呼ばれるバンガード社との提携で生まれた商品です。この商品をiDeCoで購入したい場合には、楽天証券を選びます。			
eMAXIS Slim 米国株式（S&P500）	米国株式	0.0968%	なし
三菱UFJ国際投信が運用する商品です。信託報酬も安く、運用の安定性にかかわる純資産総額も大きいです。			
<購入・換金手数料なし> ニッセイ外国株式インデックスファンド	先進国株式	0.1023%	なし
ニッセイアセットマネジメントが運用する商品で、日本を除く主要先進国の株式を対象としています。純資産総額も大きいです。			

※2021年11月現在の情報です。
※おすすめ商品は必ずしも値上がりを保証するものではありません。個人の判断でお求めください。

口座開設のコツ

●ネット証券の口座開設には、銀行口座、マイナンバーカードがあるとスムーズです。口座の選び方で迷われる方が多いですが、このページの説明を参考に選んでください。「源泉徴収なし」にしておけば、運用益が20万円未満の場合は[*2]確定申告の必要はありません。

＊2……所得金額によって、確定申告が必要になる場合があります。

横山光昭（よこやま・みつあき）

家計再生コンサルタント、株式会社マイエフピー代表。

お金の使い方そのものを改善する独自の家計再生プログラムで、家計の問題の抜本的解決、確実な再生をめざし、個別の相談・指導に高い評価を受けている。

これまでの家計再生件数は2万1000件を突破。各種メディアへの執筆・講演も多数。

著書は90万部を超える『はじめての人のための3000円投資生活』や『年収200万円からの貯金生活宣言』を代表作とし、著作は150冊、累計351万部となる。

個人のお金の悩みを解決したいと奔走するファイナンシャルプランナー。

オンラインサロン「横山光昭のFPコンサル研究所」を主宰。

株式会社マイエフピー　https://myfp.jp/

編集協力 ……………… 柴田 恵理
株式会社マイエフピー
吉本 由香
カバーデザイン ……… 井上 祥邦（yockdesign）
本文デザイン・DTP … Studio Blade（鈴木 規之）
図版作成 ……………… Studio Blade（鈴木 規之）
人物イラスト ………… 坂本 浩子
校　　正 ……………… 株式会社聚珍社

記入式　2万件の赤字家計を改善したプロが教える

図解 日本一やさしい 老後のお金の増やし方

2021年12月28日　第1刷発行

著　　者　横山 光昭
発 行 人　松井 謙介
編 集 人　長崎 有
編集担当　早川 聡子

発 行 所　株式会社 ワン・パブリッシング
〒110-0005 東京都台東区上野3-24-6
印 刷 所　大日本印刷株式会社

●**この本に関する各種お問い合わせ先**
内容等のお問い合わせは、下記サイトのお問い合わせフォームよりお願いします。
https://one-publishing.co.jp/contact/
不良品（落丁、乱丁）については　☎ 0570-092555
業務センター　〒354-0045　埼玉県入間郡三芳町上富279-1
在庫・注文については書店専用受注センター　☎ 0570-000346